[英]爱丽丝·巴尔内斯·布朗 —— 编著
吴杰 —— 译

改变历史的伟大战役

ALL ABOUT HISTORY GREATEST BATTLES

中国画报出版社·北京

图书在版编目（CIP）数据

改变历史的伟大战役 /（英）爱丽丝·巴尔内斯·布朗编著；吴杰译. -- 北京：中国画报出版社，2020.12（2024.4重印）

（萤火虫书系）

书名原文：ALL ABOUT HISTORY: GREATEST BATTLES

ISBN 978-7-5146-1981-2

Ⅰ.①改… Ⅱ.①爱…②吴… Ⅲ.①战役-军事史-世界 Ⅳ.①E19

中国版本图书馆CIP数据核字(2020)第244062号

Articles in this issue are translated or reproduced from All About History: Greatest Battles, Eighth Edition and are the copyright of or licensed to Future Publishing Limited, a Future plc group company, UK 2018. Used under licence. All rights reserved. All About History is the trademark of or licensed to Future Publishing Limited. Used under licence.

北京市版权局著作权合同登记号：图字01-2020-6890

改变历史的伟大战役

[英]爱丽丝·巴尔内斯-布朗 编著　吴杰 译

出 版 人：于九涛
选题策划：赵清清
责任编辑：郭翠青
责任印制：焦　洋
营销主管：穆　爽

出版发行：中国画报出版社
地　　址：中国北京市海淀区车公庄西路33号　邮编：100048
发 行 部：010-88417410　010-68414683（传真）
总编室兼传真：010-88417359　版权部：010-88417359

开　　本：16开（787mm×1092mm）
印　　张：12.75
字　　数：230千字
版　　次：2021年12月第1版　2024年4月第6次印刷
印　　刷：三河市金兆印刷装订有限公司
书　　号：ISBN 978-7-5146-1981-2
定　　价：68.00元

★ 最伟大的战役 ★

在很大程度上,战争的胜败会决定历史的走向。战争对于所有参战的国家来说都是转折点,无论是为了捍卫本民族的尊严、理想,抑或是个人为了自己一心追求的事业而战,都是如此。从公元前490年波斯入侵马拉松到1982年的马岛战争,通过详细的战事地图和图解,本书研究了世界上一些最为重要的战役运用了哪些军事战略,并探究了决定战争成败的因素及战争给世界带来的影响。

目录

- 7 史上最残酷的九大战争
- 21 马拉松战役
- 25 温泉关之战
- 29 阿克提姆海战
- 33 黑斯廷斯战役
- 37 斯特林桥战役
- 48 班诺克本战役
- 61 阿金库尔战役
- 64 博斯沃思战役
- 76 关原之战
- 85 纳西比战役
- 89 特拉法尔加海战
- 93 奥斯特里茨战役
- 104 博罗季诺战役
- 108 滑铁卢战役
- 113 葛底斯堡战役
- 117 罗克渡口战役
- 120 索姆河战役
- 125 康布雷战役

147

166

20

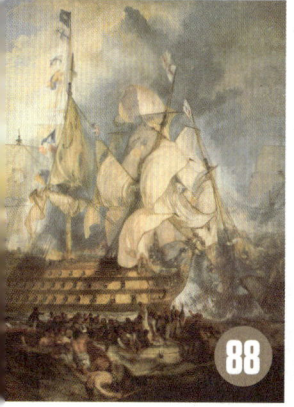
88

28

116

108

136　巴巴罗萨计划

152　迪耶普突击战

165　诺曼底登陆

181　硫黄岛战役

184　图说历史上著名的
　　　20次背水一战

史上最残酷的九大战争

引用从古至今最残酷的战争实例，揭示战争给人类带来的伤亡及巨大破坏

无论是因为历史宿怨、金钱、荣誉还是自由，战争贯穿整个人类历史，从未停息。人类社会在日益进步，许多顽疾已经找到破解良方，大都市林立，真正全球化的世界已应运而生。但人类头顶的战争乌云并未消散，战争给交战双方造成的杀伤力也并未减弱。

在现代战争中，如能利用先进技术在海陆空三栖作战中都力压敌方，那么就能所向披靡。当然，正如瑞士军事作家安托万-亨利·约米尼（Antoine-Henri Jomini）所写的那样，单靠军事理论和技术并不足以取得战争胜利："武器装备占优，在战争中固然有助于提高胜算，但是武器装备本身并不能赢得战斗。"随着技术的日益发展及应用，需要培养更训练有素和斗志昂扬的精锐之师，昔日的旧式军人已经变为经验丰富的职业军人，他们心甘情愿为国效命。在所有战事当中，军事统帅们一直都处于主导地位，或立下不世功勋，或落败蒙羞。

孙子、马基雅维利（Machiavelli）、克劳塞维茨（Clausewitz）、利德尔·哈特（Liddel Hart）和其他许多军事家的经典语录，一直教导和激励着将领们，他们的军事思想甚至已经成为行军打仗的标杆，并长盛不衰延续至今。诚然，工业和技术日益先进，制造出的武器装备也越来越尖端。但是，无论科技如何进步，战争中的伤亡仍不可避免。

本书精选了史上九大最残酷的战争。每一部分内容的结尾处都有摘要，提供参战各方的伤亡人数；这些数据都是目前已知的最准确的数据。其中一些战争是个人的贪欲、野心或征服欲所致，这些历史的罪人必将遗臭万年。

◀ 亚历山大的骑兵冲向波斯骑兵

伊苏斯之战 公元前333年

亚历山大大帝在公元前4世纪战功卓著,建立了庞大的帝国,疆域从埃及的沙漠地带延伸到印度的边境。亚历山大家族起源于希腊北部的马其顿,亚历山大大帝雄心万丈,一心想在父辈缔造的帝国基础之上再创霸业,称雄天下。他是一位不折不扣的军事统帅,每次出征,都抱着必胜之心。这使得整个地中海东部和波斯地区战火连绵。伊苏斯战役拉开了这位帝王东征的序幕,这场战争以野蛮血腥闻名于世。

亚历山大大帝战绩卓著,靠的是善用地形、步兵装备精良且训练有素,而与他交战的波斯大军则是由多个部落集结而成,军纪不整。亚历山大将装备精良的步兵排在中军位置,而将骑兵排在队伍两翼,与敌军隔河相对。波斯皇帝大流士三世误以为侧翼是亚历山大大军的软肋,于是骑兵尽出,攻敌左翼。亚历山大大帝见状一声令下,派左翼骑兵守住阵地,又命令步兵与波斯步兵在阵中战成一团。亚历山大的步兵和骑兵都成功地抵挡住了波斯军队的进攻,双方杀得难解难分,形势万分危急。

此时,亚历山大大帝发现,要想获胜,最好的机会就是派骑兵进攻波斯军队的右翼。于是他派遣骑兵杀入波斯骑兵阵中,击溃了敌军的战线,波斯皇帝大流士拼死杀出重围。亚历山大并未穷追不舍,而是带领骑兵迂回包抄,从波斯步兵后方掩杀过去。在马其顿大军的猛攻之下,曾经英勇无敌的波斯军队矛断盾碎,败下阵来,污泥之中被踩死踩伤者不计其数。波斯皇帝只好下令撤退,途中又被砍下马来,军心随之大乱。在波斯军队四散奔逃之际,亚历山大大帝又一次集结骑兵,对波斯人紧追不舍,一直追到黄昏时分,斩杀无数波斯军。

交战双方
马其顿 **对战** 波斯阿契美尼德王朝

伤亡人数
马其顿:7000人
波斯阿契美尼德王朝:2万人

结果
亚历山大大帝进军波斯,导致波斯帝国分崩离析,他还与波斯皇室联姻,进一步巩固了自己对中东地区的控制。

马尔普拉凯战役

1709年9月11日

▲ 英军杀入法军的主力部队

加农炮声如雷鸣般震耳欲聋，步枪火力一阵强过一阵。由英国、普鲁士、奥地利和联省共和国（荷兰共和国）组成的联军发动了这场马尔普拉凯战役，他们的目的是对抗法国，防止西班牙及其庞大的海外帝国逐渐落入法国之手。这场战争是西班牙王位继承战争中具有决定性的一役，是最血腥惨烈的一场战斗，也是18世纪伤亡人数最多的一场战役。火药爆炸、加农炮弹药横飞，加上重型骑兵来回冲杀，马尔普拉凯战场简直就是血腥无比的修罗场，双方的伤亡都数以万计。

面对联军的进逼，法国军队占有防御的优势，攻其侧翼的奥地利及荷兰军队伤亡惨重。但最后，护卫侧翼的法军终于寡不敌众。联军在阵亡数千人之后，终于突破对方的强大火力。随后，英军击溃了法军的主力部队，法军随之溃败，英国骑兵趁机强势追击，杀伤法军士兵无数。虽然联军占了上风，但伤亡也很惨重，根本抽不出足够的人手展开追击。正因为如此，也给了法国军队日后卷土重来的机会。

交战双方
英国、奥地利、联省共和国（荷兰共和国）和普鲁士联军
对战　法国和巴伐利亚联军

伤亡人数
反法联军：2.1万人
法国和巴伐利亚联军：1.1万人

结果
马尔普拉凯一役中，大规模使用了步枪，这让指挥官们坚信坚守胜过强攻。

陶顿战役 1461年3月29日

这是玫瑰战争中的决定性战役，也是有史以来英国领土上最血腥的战役。

虽然约克家族的军队在人数上处于劣势，但其首领福肯伯格勋爵命令他们利用天气优势，借着强风刮向兰开斯特家族的良机用强弓利箭尽可能多地射杀敌人。因为逆风的缘故，兰开斯特家族的箭矢根本到不了约克家族军队的近前，不由得士气大减。

战斗随后变成残酷的肉搏战，持续了数小时之久，天上落下的雪都被染成红色。最后，三万人战死在约克郡寒冷的旷野中。

▲ 陶顿战役现场

交战双方
约克家族 对战 兰开斯特家族

伤亡人数
约克家族：约1万人
兰开斯特家族：约2万人

结果
兰开斯特家族落败后，爱德华于1461年6月加冕王位，约克家族大权在握。爱德华是约克王朝首位国王。

> 战斗随后就变成残酷的肉搏战，持续了数小时之久，天上落下的雪都被染成了红色。

巴格达围城 1258年1月29日—2月10日

交战双方
蒙古帝国 **对战** 阿拔斯·哈里发

伤亡
蒙古帝国：几乎没有伤亡
阿拔斯·哈里发：5万军人和80万平民

结果
蒙古人在攻陷巴格达城之后，占领了整个阿拉伯沙漠，不过蒙古人内部明争暗斗不休，最后被迫撤回东方。

▲ 昔日蒙古人围困巴格达城时赶造攻城机的场景

　　公元1258年，蒙古铁骑席卷波斯，直逼伊斯兰哈里发的中东王国。这些身骑小型战马的蒙古战士战无不胜，一路烧杀抢掠，凶残至极。蒙古铁骑所到之处，文明古城化作一片焦土。巴格达坐落于阿拉伯沙漠中部的黄金绿洲，蒙古汗国统治者旭烈兀对它觊觎已久。旭烈兀集结了有史以来规模最大的蒙古部落，总兵力将近15万，将巴格达围得水泄不通，断了城中的给养，然后开始打造攻城机强行攻城。

　　巴格达的统治者哈里发穆斯台耳绥木高估了自己结交友邦的能力，没有外援相助，只好孤军迎敌，派出骑兵迎战蒙古大军。蒙古人设下陷阱，放水淹没了沟渠，将哈里发的军队困在蒙古大军和洪水之间。之后蒙古军队继续围城，并发起一轮强过一轮的攻城冲锋，攻陷护城墙，占领外围的城郊地区。虽然守城将士浴血奋战，可终因寡不敌众，败下阵来。

　　最后关头，哈里发穆斯台耳绥木也曾试图与旭烈兀议和，不过对方断然拒绝了他所提的条件。据估计，城中遇难的平民人数为20万到80万。成千上万的平民逃跑不及，被撞死撞伤。蒙古大军攻陷巴格达城池之前，这里曾是学术文化中心，其宏伟的图书馆令西方世界都羡慕不已。城破之后，巴格达城化为废墟，街道上到处都是尸体。哈里发穆斯台耳绥木的手下不是战死，就是被俘。蒙古军队从城中撤退之时，城中只剩下一片焦土。

赤壁之战 公元208年

赤壁之战堪称以弱胜强的经典战役，其传奇逸事在民间广为流传，经久不衰。当时，交战的两大军事集团的胜败输赢，将决定各自的未来。刘备和孙权结盟，共同对抗曹操。曹操麾下兵多将广，兵力占优，希望凭此役一统天下。

不管是刘备，还是孙权，都深知若是与曹军硬碰硬，他们绝无胜算，所以只能智取。考虑到曹操麾下水军相对较弱，孙刘联军在长江上发起水战。在与曹军打了一场小仗之后，孙刘二人诈降，并派出主力战舰顺流而下，让对方误以为要谈判。可是，曹操万万没有想到孙刘二人并无议和之意，派出的舰船竟是火船，结果曹操的战船陷入火海，被烧得一干二净。曹操只能眼睁睁地看着手下成千上万的士兵和水手被活活烧死，无奈之下只能撤军，兵败赤壁。

交战双方
刘备和孙权联军对抗曹操的大军

伤亡人数
没有确切人数，不过双方都死伤惨重。

结果
赤壁之战，奠定了三分天下的大势，曹操一统天下的壮志落空。

◀ 水战的场面

拿破仑已撤回到莱比锡，他决心不惜一切代价力挽狂澜，不过此时法军已深陷险境。

莱比锡会战 1813年10月16—19日

莱比锡会战参战兵力达60多万，是第一次世界大战之前参战人数最多的一次大战。当时，拿破仑·波拿巴一心要在日耳曼腹地建立自己的王朝，将整个欧洲都拖入了战火。对抗拿破仑大军的是矢志反抗拿破仑独裁统治的多国联军，包括普鲁士、瑞典、俄国和奥地利多国部队。

双方军队在莱比锡附近的旷野中相遇，决战非常惨烈，死伤人数超过10万。拿破仑的作战方案简单粗暴：歼灭对方好不容易集结的庞大联军，这是他在之前诸多战役中惯用的战术。第一天，这种战术看起来卓有成效，在与奥地利及普鲁士部队两度血战之后，拿破仑控制了莱比锡小镇及其周围村落。但拿破仑却未能延续胜绩，给了敌军喘息之机，联军得以重新集结，其他部队也赶到增援。10月18日，在莱比锡爆发了19世纪最大规模的一场战役。

拿破仑撤回莱比锡，并决心不惜一切代价力挽狂澜，不过此时法军已深陷险境，联军步兵潮水般的进攻让他们喘不过气来。拿破仑眼见寡不敌众，于是下令战略性地撤退到桥边。就在法军向桥边撤退之际，联军开始强攻这座桥，形势岌岌可危。一位守桥的法国下士以为联军攻下桥梁只是时间问题，惊慌失措之下，炸毁了这座桥。爆炸将数百名士兵抛向空中，并将数千人困在了莱比锡。在随后的混乱中，拿破仑杀出一条血路，成功到达西岸。他眼睁睁地看着手下将士纷纷阵亡，迟迟不忍离去。拿破仑在其军事生涯中，首次败得如此之惨。

交战双方
法国紫金军团 对战 多国联军

伤亡人数
法国紫金军团：6万人
多国联军：54万人

结果
联军得以保持莱茵河德国沿岸地区的独立性。拿破仑被迫撤军回法国，并在一年后退位。

▲ 莱比锡会战中普鲁士骑兵冲锋陷阵

▲ 1916年9月,新西兰步兵在战壕中休息

索姆河战役　1916年7月1日—11月18日

就伤亡人数来看,索姆河战役堪称军事史上最血腥的战事之一。此役参战人数之多令人震惊,伤亡人数更是令人胆寒。到1916年7月,第一次世界大战已经苦战了将近两个年头,交战双方都没有占到便宜。协约国和同盟国双方阵地上都战壕密布,中间是一片凶险无比的无人地带,交战双方都竭力攻占对方阵地。

▼ 1916年7月,英国步兵在收到出发信号之后进军

▲ 英国机枪小队做好了迎战的准备

英国陆军最高统帅道格拉斯·黑格元帅信心满满，认为自己有办法打破战事僵局：用火炮猛攻。在他看来，用战争史上前所未有的最大规模的炮击，足以摧毁德国军队，帮协约国轻松制胜。接下来，所有协约国军队要做的就是穿越无人区，继续摧毁德军。实际上，英军的炮火连德军防卫阵地上的铁丝网都没有全部扫清，更谈不上打掉德国的所有机枪暗堡了。仅在战争首日，协约国一方的伤亡人数就达到7万，却几乎没有取得任何实质性的进展。协约国军队当日绝大多数伤亡都是在"突破"无人地带时发生的，他们遭遇到德国重机枪和炮弹的猛烈攻击，死伤无数。

面对敌军如此疯狂的进攻，德军的意志也

交战双方
英国和法国 对战 德国

伤亡人数
大英帝国和法国：623907人
日耳曼帝国：40万—50万人

结果
索姆河战役中，协约国一方伤亡如此惨重，根源在于黑格元帅采用的战略不当，误将消耗战当作克敌制胜的法宝。

渐渐被消磨，牵制了德军在其他战线上发动战争的能力。在交战双方遭受近百万人阵亡的重创之后，这场范围极广的大战最后仍然陷入胶着状态。

坎尼会战 公元前216年

坎尼会战是罗马共和国及其军队遭受过的最大惨败。罗马指挥官卢基乌斯·保卢斯和盖乌斯·瓦罗聪明过人，却被迦太基的汉尼拔打败。后者善用地形和天气因素，并善于调动其麾下的迦太基军队，可以说用兵如神。交战双方在阿普利亚平原展开了一场恶战。

在很多人看来，汉尼拔堪称有史以来最伟大的军事战术家之一。公元前216年，他率军越过阿尔卑斯山，征服了意大利的大部分地区，半岛上的许多罗马城邦望风归降，罗马共和国岌岌可危。罗马共和国不能坐以待毙，必须迎击汉尼拔率领的大军。卢基乌斯·保卢斯和盖乌斯·瓦罗临危受命，担起击败汉尼拔、捍卫罗马荣誉的重任。瓦罗雄心勃勃，信心满满，一心想击败汉尼拔，为了战功他不惜牺牲与自己共事的联合指挥官。当他率军在坎尼与汉尼拔的军队遭遇时，他手下有近4万名士兵，他不能容忍汉尼拔的士兵从自己手中逃脱。

瓦罗将士兵排成重步兵的阵型，目的是想痛击汉尼拔率领的迦太基人，将他们逼入身后的奥凡托河。然而，瓦罗求胜心切，其侧翼破绽大开，暴露在敌军的包围之中。眼见此等良机，汉尼拔怎会错过。他派出训练有素的骑兵，迅速攻击罗马军队的两翼，并命令中军缓慢后撤，引诱罗马步兵逼上前来，暴露出两翼的破绽。当罗马军队贸然前扑，落入汉尼拔设下的半圆形包围圈时，敌军将他们团团围住。罗马人被困，无法举起沉重的盾牌保护自己。一些罗马士兵拼死杀出一条血路，侥幸得以逃脱。然而，正如古希腊学者波利比乌斯所写的，大多数罗马将士都中了汉尼拔的圈套，战死在包围圈中。"在敌军的刀剑之下，外围的罗马士兵不断倒下，幸存者被逼得步步后退，挤在一起，只能待在原地等待敌军屠戮。"

罗马人被团团围住，无法举起沉重的盾牌保护自己。

交战双方
汉尼拔率领迦太基军队 **对战** 罗马共和国军队

伤亡人数
汉尼拔率领的迦太基军队：5700人
罗马共和国军队：77700人

结果
在坎尼会战大获全胜之后，汉尼拔继续在意大利攻城略地，直到遭到罗马大军阻击，最终才不得不退回非洲。

▼ 罗马军遭受了有史以来最惨重的失败

交战双方
- 汉尼拔的军队
- 罗马军队

3. 罗马军队战败
汉尼拔抓住罗马军队侧翼的破绽，凭借己方的精锐骑兵成功破敌，直取敌军中路。

4. 汉尼拔发动袭击
汉尼拔的骑兵杀向罗马军队，并将他们牢牢困住，保卢斯和瓦罗麾下的步兵惨遭屠戮。

2. 罗马军队中计冲锋
罗马军队原以为己方的重型步兵将力压迦太基军队，没想到却很快被敌军团团围困。

1. 诈败诱敌深入
迦太基步兵诈败后退，引诱罗马军队前进，然后又猛攻罗马军队侧翼。接下来，汉尼拔率军直取敌军中军，围歼罗马军队。

斯大林格勒战役 1942年8月23日—1943年2月2日

在斯大林格勒灰暗的钢筋混凝土建筑中，一场机械化的军事大战就此上演，整座城市乃至苏联南部全都笼罩在一片灰烬和烟雾当中。这场战争决定了苏联的命运，也决定了希特勒在苏联西部的"生存空间"计划的未来。希特勒一心想攻占苏联南部伏尔加河畔的斯大林格勒，根本无视其实际战略意义。其实，这座城市除了有一座拖拉机工厂并以他的劲敌斯大林命名之外，并无任何战略价值。但无论如何，希特勒都坚持要先攻占这座城市，纯粹是为了削弱苏联的士气，以为这样就可以一劳永逸地结束东线战争。

在斯大林格勒战役的绝大多数时间里，苏联军队都乱成一团，一度只能凭借背靠伏尔加河来控制市中心的狭窄区域——德军似乎胜券在握。

◀ 在斯大林格勒战役中，绝大多数战斗都是激烈的巷战

不过，德军补给线拉得过长，难以为继，天寒地冻的恶劣天气切断了补给。斯大林还带来了一大利器——他最好的野战指挥官乔治·朱可夫将军临危受命，守卫斯大林格勒。朱可夫虽然嗜酒如命、口无遮拦，但他不屈不挠的领袖风范正是苏联军队战胜法西斯侵略者最需要的。1942年11月，朱可夫提出战略计划并付诸实施，斯大林格勒的苏联军队开始反攻，围困住德军第六集团军。苏联军队采取了代号为"天王星行动"的战略性军事行动，从德国防线最薄弱处发起反攻，有效地包围了斯大林格勒周围的德军，切断了他们与苏联境内其余德军的联系，极大地削弱了德军的实力。

▲ 一位苏联红军战士俘虏了一名冻伤的德国士兵

斯大林格勒城中的苏联军队收到命令，要不惜一切代价拼死守住斯大林格勒。苏联军队派出狙击手持续不断地射杀德军，并设下陷阱诱杀德军，不断消磨德军实力。一位参战的德国军士曾这样说道："在我军的炸弹轰鸣当中，城中厂房的墙壁和生产流水线被炸得四处纷飞，建筑物轰然倒塌……"第六集团军司令保卢斯将军通过无线电给德国方面回电，试图说服希特勒允许他率军撤退，可是希特勒根本听不进去。希特勒命令

▲ 经过几个月的鏖战，斯大林格勒终于解放了，红色旗帜在广场上迎风飘扬

交战双方
轴心国（德国、罗马尼亚、意大利、匈牙利和克罗地亚）联军 对战 苏联军队

伤亡人数
轴心国：85万人
苏联：约115万人

结果
斯大林格勒战役结束后，德军走向衰落，苏联军队由守转攻。

保卢斯死守阵地。到1943年2月，保卢斯手下大部分士兵不是饿死，就是冻死。在苏联军队团团包围之下，保卢斯别无选择，只好投降。柏林还举行了一次群众集会，专门纪念英勇为国捐躯的第六集团军——德国国内并未公开他们降敌这一事实。当时，斯大林格勒一片狼藉，借用停战前一位德国军官的话来说："这个鬼地方连动物也待不住……只有军人才能忍受下来。"

血流成河

希腊军队斗志昂扬,骁勇善战,在他们的包围之下,即使是名扬天下的波斯不死军也抵挡不住,纷纷溃败,一场大屠杀就此上演,成百上千的波斯士兵被杀。据史料记载,波斯士兵在逃跑中深陷沼泽动弹不得,被杀或溺亡,附近的河流和海水被染成红色。战争结束时,波斯军队阵亡6400人,另有七艘战舰被毁或被敌军缴获。

见识雅典实力

雅典是希腊最强大的城邦国家,拥有上万名装备精良、训练有素的职业重装步兵,更得千名普拉塔战士之助,共同抗击入侵的波斯大军。就兵力而言,雅典军队处于劣势。但在马拉松镇遭遇波斯军队时,雅典军队战术多样,全军上下胸怀保家卫国的昂扬斗志,最后以弱胜强。波斯军队落败,被迫退出大陆,结束了他们的入侵。

希腊军队冲锋

据史料记载,决定这场战争的关键是希腊军队向波斯军队发起了快速冲锋,杀得对方措手不及。在马拉松战役之前,波斯军队已经习惯了靠远程武器击退敌军,成千上万的波斯弓箭手从远处就能够射杀对方士兵。不过,这种战法在马拉松战役中却派不上用场。心怀对入侵波斯军队的刻骨之恨,希腊军队向敌军发起冲锋,长驱直入数百米后,终于与波斯军的前锋部队短兵相接。

波斯军队遭遇侧翼包抄

关系此战胜败的另一个关键因素是希腊总指挥米提亚德决策英明,指挥得当。他决定用牛角阵型抗敌,以此加强他们的侧翼力量。希腊军队先打了波斯一个措手不及,将波斯军队的精锐吸引过来,这样一来,一旦波斯军队的侧翼有失,就会陷入重围。在希腊军队侧翼的猛攻之下,波斯军队招架不住,败下阵来。

马拉松战役

希腊马拉松，公元前490年9月

早在300名斯巴达勇士在温泉关抗击波斯帝国皇帝薛西斯一世之前，希腊与波斯之间就曾爆发过一场战争。当时，波斯军队是有史以来最强大的军事力量，但凭借那场战争，希腊军队成功抵御了波斯入侵，让当时处于起步阶段的希腊民主城邦体制得以保全。不过，薛西斯一世征服希腊的壮志雄心与其父大流士一世一脉相承。大流士一世的军队从公元前492年开始入侵希腊，所到之处，岛屿和城市皆被包围。

大流士一世派出的波斯舰队非常庞大。据古希腊历史学家希罗多德的记载，波斯入侵军队有600艘战船，兵力在2.5万至10万人之间。此前，希腊从未遭遇过势力如此强大的敌军。在敌军去往大陆的途中，包括小亚细亚爱奥尼亚叛乱遭到镇压的各种小道消息甚嚣尘上，恐惧和担忧与日俱增。如果波斯庞大的军队攻破雅典，雅典当时初现端倪、反映民意的民主制将遭到灭顶之灾；若沦陷在大流士一世军队的铁蹄之下，民主的梦想将化为泡影。

公元前490年，波斯主帅达提斯和波斯皇帝大流士的兄弟阿尔塔费尼斯率军来犯，入侵军队控制了希腊基克拉迪群岛，攻破埃雷特里亚城之后又将城市洗劫一空，然后挥军直逼雅典。长期以来，波斯皇帝大流士视雅典为眼中钉，想好好教训它，因为对方不仅支持爱奥尼亚人叛乱，还抵抗波斯西侵。因此，如果能够拿下雅典，就可以杀一儆百。埃雷特里亚大捷，达提斯所率领的波斯大军士气大振，目标直指雅典。

达提斯选择马拉松湾区作为波斯大军的登陆地。此地靠近马拉松小镇，距雅典约40公里。雅典人反应迅速，派出了他们最骁勇善战的将军米提亚德率一万名士兵应战。希腊的战术是在马拉松阻击波斯军队，挫败敌军入侵。然后在拖住波斯大军的同时，传信给斯巴达求援。由此，斯巴达和雅典得以组成联军，齐心协力共抗入侵之敌。

抵达马拉松镇之后，米提亚德迅速将作战计划付诸实施，封锁了关口，准备迎战波斯军队。可一连五天，波斯人都没有发动攻击。虽然这令米提亚德及其将军们颇感不解，但他们也并没在意。日子就这样一天天过去，斯巴达援军也越来越近。波斯军主帅达提斯为何按兵不动，史料并无记载，不过，据说主帅对该如何使用波斯军中的精锐骑兵举棋不定，这应该是最主要的原因。

可以确定的是，马拉松战役中参战的波斯骑兵人数极少。就在双方陷入僵局的第五天，形势突变。不知是因为米提亚德认识到波斯人没有骑兵将很容易败下阵来，于是决定抗击波斯军队，还是达提斯终于沉不住气，决定发动进攻。就在第五天，希腊军队发动了大规模的强攻，先突破了波斯军队的侧翼，然后包围了敌军的中军。希腊军队确实只有敌军的一半，但依然取得了决定性的胜利。

马拉松之战影响深远。希腊人原以为波斯军队会再次对雅典发动进攻，可波斯军队由于此战失利，只好退回到波斯。这令大流士一世勃然大怒，并谋划波斯军队第二次征讨希腊。大流士一世死后薛西斯一世继位，秉承了其父遗志。相比之下，马拉松之战获胜，对于年轻的雅典民主制关系重大，雅典迎来了将近300年的黄金发展期。

波斯

部队：2.5万人
骑兵：1000人
伤亡人数：6400人

全军统帅
达提斯
统领第一次波斯战争的海军上将。虽然他也不乏作战经验，但正是因为他在马拉松战役中的战略战术失误，才让敌军有机可乘。马拉松战役过后，达提斯将军生死未卜。
优势：亲自指挥精锐的波斯不死军。
弱点：过于自信，临场应敌战术不够灵活。

关键作战部队
波斯不死军
这是波斯阿契美尼德王朝的精锐之师。不死军战士轻装上阵、敏捷善战，长短兵器锋利异常，武艺高超，令对手敬畏。传说他们此前从未失败过。
优势：精兵强将，精通远攻和近战。
弱点：其实并非真正的金刚不败之身。

支援部队
弓箭手
大流士手下的弓箭手箭术举世无双。他们经常远距离射杀敌军。不过，他们此次要对付的希腊军队有青铜护胸甲和大型盾牌护身，波斯弓箭手的作用将大打折扣。
优势：能够从远处射杀敌军。
劣势：甲胄不够精良，近战能力较弱。

01 规划战线
在波斯入侵希腊的最后一场战争中，两军相距1500米对峙，希腊军队排成防御阵型，将波斯军逼在海岸上动弹不得。如果波斯人能够攻破敌阵，那么，雅典和整个希腊便唾手可得。

02 增强侧翼兵力
希腊军队主要由重装步兵组成，虽然这些步兵训练有素、装备精良，但却容易受到敌军骑兵的攻击，因为骑兵来去如风，迅疾如电。不过，骑兵在野外作战容易遭受侧翼包围，因此，雅典统帅米提亚德特意增强了部队的侧翼兵力。当时波斯骑兵堪称世界最强的骑兵部队之一，以马快闻名于世。令希腊人惊喜的是，入侵的波斯军队居然很少有骑兵，而主要由弓箭手和波斯不死军组成。

03 "冲锋！"
尽管波斯军队人数是对方的两倍，可他们似乎犹豫不决，迟迟不愿与敌军交战，这可能是因为他们非常欠缺与希腊重装步兵作战的经验。米提亚德把握住了战机，随着他一声令下"冲锋"，希腊军队向敌军发起大规模的进攻。根据希罗多德的史料记载，当时希腊军队向波斯军队发起冲锋，同时高喊他们的冲锋口号："啊啦啦（Eleleu）！"

04 万箭齐发
在敌军发出冲锋号之后，达提斯立即命令他的弓箭手向逼近的敌军放箭，敌方简直就是来送死。可是，希腊军队进攻太快，波斯军队后退不及，无法退到更好的放箭位置。此外，希腊军队的甲胄和盾牌都异常坚固，伤亡人数很少。

05 第一轮勇猛冲锋
希腊军的冲锋给波斯军队造成的杀伤力是毁灭性的。雅典重装步兵的盾牌和青铜盔甲更坚固，与希腊其他城邦的交战也磨炼了他们应对方阵的战斗能力。可相比之下，波斯军队尤其是他们的弓箭手只穿着棉衣，当米提亚德率军与波斯军队交战时，只有兵刃与人体撞击的声音。波斯军队被打了个措手不及，乱成一团。

06 青铜甲阵
雅典重装步兵的青铜甲阵如浪潮般向前推进。达提斯重新部署了自己最精锐的战士波斯不死军来抵挡敌军。这让米提亚德的进攻暂时受挫。

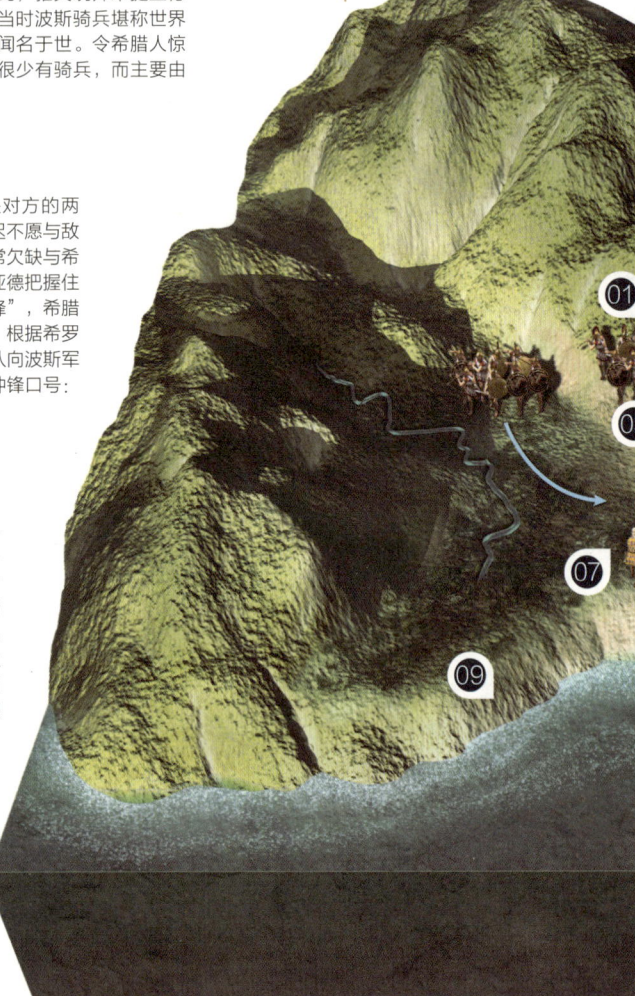

10 波斯舰队逃亡

希腊军队攻占了七艘波斯战船,赢得了胜利。波斯人衣衫不整,驾着战舰狼狈败逃爱琴海。此战尸横遍野,可谓是希腊人取得的最惨烈的胜利之一。6400名波斯人横死沙场,而希腊只有203人阵亡。米提亚德根本无暇埋葬阵亡者,立刻下令尽快撤回雅典,以防波斯军队报复。不过,波斯军队没有再来,波斯首次入侵希腊的战争到此结束。

09 在沼泽中溺亡

波斯军队的中路溃败后,剩余波斯军队开始四散奔逃。大多数人逃到了停泊的战船上。希腊军队穷追不舍,令波斯败军苦不堪言,许多波斯士兵逃跑不及,惨死在追兵的刀下。还有一些未及登船的波斯士兵向陆地逃去,可他们不熟悉当地地形,慌不择路之间,深陷附近的沼泽里,溺水而亡。波斯军队主帅达提斯是战死在战场上,还是逃回了波斯,抑或是溺水而亡,迄今仍然不得而知。

08 波斯中军陷入重围

希腊军队采用牛角阵型,从侧翼向波斯的中军进攻,波斯军很快就陷入了重围。当波斯军队的侧翼被攻破时,不死军的战斗力爆棚,凶悍异常,招架住了对方的前锋部队。虽然不死军顽强抵抗,但终究架不住对手人多势众,长矛林立,最终全军覆灭。

07 波斯军侧翼溃不成军

在达提斯麾下最精锐的波斯将士死守中军之际,侧翼破绽大开。希腊军队统帅米提亚德为防备遭到敌军侧翼包抄,专门增强了侧翼力量,占了先机。

古希腊

部队人数:1万人

骑兵:未知

阵亡人数:203人

统帅
米提亚德

他是大名鼎鼎的奥林匹克赛马冠军。正是因为他在马拉松战争中采取的进攻性战术,此战赢得了胜利。但他性情喜怒无常、狂妄自大,导致雅典政敌控告他叛国,最终成为阶下囚,老死狱中。

优势:能征善战,战术出众。

劣势:刚愎自用,容易在战场上鲁莽行事。

关键作战部队
希腊重装步兵

希腊重装步兵用长矛和盾牌作战,以其专业战斗力闻名于世。他们的主要战术是用密集阵等阵型来对敌。

优势:训练有素,装备精良,尤擅近战。

劣势:人数少于敌军。

支援部队
奴隶

古时,军队常以免除牢狱之苦为条件,征调罪犯入伍,当时许多犯人都同意入伍加入重骑兵。不过,这些囚犯通常会战死,根本没机会享受自由的生活。

优势:如果战后侥幸活下来,可以免受牢狱之苦,获得自由。

弱点:军纪涣散,武器落后。

召集希腊盟友

如果以为根据弗兰克·米勒的漫画拍成的电影《300：一个帝国的崛起》，和扎克·斯奈德（Zack Snyder）的同名电影讲的都是历史事实，那你就错了。当年，300名斯巴达勇士镇守温泉关确实功不可没，但他们并非孤军奋战。实际上，他们得到了来自特斯匹伊（Thespiae）、底比斯（Thebes）、迈锡尼（Mycenae）和科林斯等地7000多人的增援。

受传统束缚

为何只有区区300名斯巴达勇士与波斯军队交战呢？斯巴达为何不派出一支实力雄厚的军队来迎战敌军呢？因为"卡尔涅亚祭"是斯巴达宗教和文化的年度庆典，其间禁止动兵。

准备开战

实际上，在温泉关抗击波斯军队的斯巴达勇士并非无铠甲护身，而是身着传统的铠甲和头盔。如果仔细端详，你会发现斯巴达士兵的甲胄与希腊其他部族的甲胄并无二致。

先知预言和挑选精兵

在斯巴达动身之前，斯巴达国王列奥尼达斯曾征求先知的意见，这位先知预言斯巴达国王将战死在温泉关。不过，列奥尼达斯国王并未退缩，他从皇家卫队精选出300名精锐，他们都有子嗣，没有后顾之忧。

数量众多

按古希腊历史学家希罗多德所说，薛西斯一世麾下的士兵超过250万。这支军队是从整个帝国征召而来的，其中包括其精锐之师波斯不死军。

温泉关之战

希腊温泉关，公元前480年

毫无疑问，300名久经沙场的斯巴达勇士抗击波斯大军的故事已经成为一段传奇，以此为题材的舞台剧、影视剧、文学作品及漫画作品经久不衰。鉴于在这场战争中波斯参战人数拥有压倒性优势，这300名斯巴达勇士的战斗力可见一斑。公元前499年至公元前449年，波斯阿契美尼德王朝与希腊自由城邦之间战事不断，温泉关之战就是其中之一。

波斯帝国大约在公元前6世纪中叶崛起，并在亚洲、欧洲和地中海地区迅速扩张。最终，波斯帝国把目光投向希腊的自由城邦。波斯阿契美尼德王朝由居鲁士大帝于公元前550年建立，也称作第一波斯帝国，其麾下军队攻城略地，开疆拓土，成为当时疆域最大的帝国。

当时，在波斯人看来，希腊不过是一个相距甚远的公国，无足轻重。不过，波斯和希腊双方在政治方面误解颇深，为日后爆发战争和波斯入侵埋下了隐患。波斯皇帝大流士要求各地都向波斯帝国进贡，以示臣服。波斯也会派遣使节去接受贡品。希腊人曾会见过这样一位波斯使者，他们以为波斯派此人前来结盟，于是准备了像样的礼品，让使者带给波斯皇帝。

当希腊效忠波斯的消息传到雅典议会（监督雅典社会运行的政府机构）时，它立即与送给波斯皇帝的贡品划清界限，渴望保持其独立地位。在得知希腊这个小国胆敢拒绝臣服波斯帝国后，波斯皇帝派出一支军队，想威逼雅典乖乖就范。

公元前490年，波斯皇帝大流士的大军在马拉松战役中败给希腊军队，这对大流士一世而言堪称重大灾难。大流士一世四年后去世，其子薛西斯一世继位，继续征讨希腊。薛西斯一世花了四年的时间，集结了一支强大的军队，足以征服整个希腊和任何胆敢不臣服波斯的雅典人。

雅典人知道波斯人迟早会返回，因此，在公元前482年，雅典人就做好应对之策，组建了一支庞大的舰队以对付波斯的海上攻势。不过，雅典人深知，单凭自己根本无力与波斯军队海陆两线作战，因此寻求与同样被波斯进攻的斯巴达结盟。彪悍的斯巴达人是天生的战士，自小就开始练习必杀技，作战能力极强。尽管斯巴达和雅典在文化和政治上存在差异，但斯巴达人同意与雅典结盟对抗波斯。

联军很快得知，薛西斯一世的军队十分强大，据悉在7万至30万人之间。他们还了解到，南部狭窄的温泉关是波斯大军的必经之路。对此，希腊军队设计了战略计划，将波斯军队诱入温泉关，希望借助希腊军队强悍的地面战术，将来犯之敌赶出希腊。

希腊城邦

部队：7000人

骑兵：0

国王列奥尼达斯一世
领袖

据古希腊历史学家普鲁塔克的史料记载，令敌人胆寒的斯巴达领导人曾在战场中放出那句石破天惊的豪言壮语："今夜，我们将在地狱用餐！"

优势：步兵战术更胜一筹，也更训练有素；使用方阵。

弱点：斯巴达人在"卡尔涅亚祭"节庆活动期间禁开战事，因此只有300名斯巴达勇士参战。

底比斯军队
作战部队

底比斯的德莫菲力斯国王率领他的700名士兵在温泉关增援斯巴达人。

优势：底比斯是斯巴达城邦的强大盟友，与斯巴达人交好。

弱点：德莫菲力斯国王和列奥尼达斯一世一样，在温泉关与士兵并肩作战，容易受伤。

密集阵型
关键武器

通过这种战术（后来为罗马人效仿），希腊人用矛和盾打造出了坚不可摧的"方阵"。

优势：强大的防御使斯巴达人能够击退敌军步兵和骑兵。

弱点：移动速度不够快，容易遭受骑兵围攻。

02 波斯人遇挫

薛西斯一世终于按捺不住，命令他的由1万名西西里人和士兵组成的部队向希腊军队发起正面进攻。不过，希腊人占据地利，且战术更胜一筹，很快就将波斯军队逼退了。

01 波斯人登陆，弓箭手放箭

经过四年的筹备，波斯舰队带着包括步兵、弓箭手和骑兵等各兵种在内的7万至30万波斯大军抵达希腊海岸。波斯军队在海岸上安营扎寨之后，向在西门（Western Gate）严阵以待的希腊勇士放箭，万箭齐发。不过，由于希腊军队距离波斯军队大约100米，再加上希腊士兵有甲胄护身，所以伤亡极轻。

03 波斯人到达弗西人的巨石墙

攻城的第二天，薛西斯一世再次派出和第一天同样规模的兵力围城。希腊军队选择在弗西人的巨石墙前即关口最狭窄处与敌军交战，再次击退了波斯人。

04 叛徒出卖隐藏的山口

薛西斯一世被迫将他的部队从关口撤回，他不明白为什么把守温泉关的敌军远少于己方，而自己的大军却攻不进去。正在他百思不得其解时，一位不速之客来到了他跟前——希腊叛徒埃菲尔特斯。叛徒告诉波斯皇帝，波斯军队可以走一条小道，绕过温泉关，杀到希腊军队身后。

05 希腊守军失守山口

叛徒还说这条小道守卫松懈，只有一小队希腊士兵把守。薛西斯一世派遣他的得力干将叙达尔涅斯率两万精兵（古希腊历史学家狄奥多罗斯是这样记载的）探路。由于前去的波斯军中有不死军，把守的希腊军队很快被击溃，波斯军队顺利向前挺进。

10 波斯人入侵希腊

波斯军队所到之处，几乎所有的城镇都被夷为平地。雅典城已是一座空城，大部分雅典军民固守在科林斯地峡。然后，希腊人制订诱敌深入的作战计划，将波斯军队引到萨拉米斯海峡。老天保佑，天气突变，薛西斯的大部分舰队被一举歼灭，随后，希腊军队在普拉蒂亚再度告捷，波斯攻陷希腊全境的计划落空。

09 撤回到科洛诺斯山

薛西斯一世的部队摧毁了弗西人的巨石墙，将对方逼退到东门外羊肠小道的另一侧，迫使希腊军队继续与波斯军队作战。波斯军队万箭齐发，向希腊军队发起一轮又一轮的攻击，希腊军队死伤殆尽。

波斯阿契美尼德王朝

部队：7万—30万人

骑兵：1.4万—6万人

波斯领袖薛西斯一世
领导者

薛西斯一世之所以如此穷兵黩武，是因为他做了一个梦——征讨违逆的希腊人是上天的旨意。

优势：人数占优，薛西斯一世有骑兵和多兵种可用——其中包括不死军。

劣势：温泉关关险路狭，波斯大军难以攻破。

不死军
作战部队

不死军是薛西斯一世的精锐御林军，无论近战还是箭术都很娴熟。

优势：根据历史学家希罗多德的记载，不死军总是保持着万人的规模。

劣势：作战时仅身着布衣（他们不穿任何盔甲），用的是藤条盾。

08 列奥尼达斯国王阵亡

这次对希腊的进攻，堪称波斯围困之战中最血腥的一次战斗，参战人数越来越多，波斯不死军也随时准备加入战斗，希腊的优势消失殆尽。战斗日趋白热化，万箭齐发，直射希腊军营。冲在前线的列奥尼达斯国王遭袭阵亡，希腊人拼死抢回了他的遗体。薛西斯一世预感到胜利在望，继续推进。

复合弓
关键武器

一种流行的远程武器，它是波斯人使用的多种弓箭之一。

优势：精心设计和打造，弓力更强，射程更远。

劣势：容易受潮，下雨天容易散架而丧失作战能力。

06 希腊军事会

温泉关失守的消息很快传回希腊。希腊所有的指挥官，包括斯巴达领袖列奥尼达斯一世国王，都聚集在一起讨论退敌之策。最后他们做出决定：一部分先撤退，留下一部分拖住波斯人的猛攻。

07 波斯人再次袭来

围城第三天，薛西斯一世派出1万名步兵和骑兵再次猛攻弗西人的巨石墙。这次，希腊人在较宽的道路迎击敌军。

伟大的统帅

马克·安东尼曾率领恺撒大军屡战屡胜，声名远扬。不过，他在海战方面并未展现出过人之处。屋大维深知这一点，所以极力避免与安东尼的军队进行陆战。安东尼的军队孤立无援，人困马乏，粮草不足，在别无选择之下，只好与屋大维打海战。

秘密计划

罗马历史学家迪奥·卡修斯认为，安东尼其实并不想在阿克提姆开战，他本来计划与情人克莉奥帕特拉七世（埃及艳后）一同逃往埃及。不管怎样，他弃妻子和手下生死于不顾，不仅使他名誉扫地，而且输掉了战争，最终搭上了性命。

速战速决的战略

屋大维的将军阿奎拉发现了安东尼舰队庞大、行动迟缓的破绽，于是充分发挥自己舰船快速机动的优势。他派出三到四艘小型舰船驶向敌军的大型舰队，向对方发动快速攻击。每当安东尼手下的水军试图教训来犯之敌时，屋大维的小船就快速撤回。

早知必有一战

屋大维早知与安东尼之间迟早必有一战，多年前他就一直在精心准备。当时，他已经吞并了达尔马提亚，由此打通了意大利和高卢至巴尔干地区的通路。他的将军也已经占领了位于希腊南部伯罗奔尼撒半岛西南角的迈索尼，这是安东尼盟军治下的一个城镇。

阿克提姆海战

爱奥尼亚海，公元前31年9月2日

公元前44年，恺撒大帝遇刺身亡。这位伟大的罗马领袖在刺客的围攻下殒命，刺客就包括他的老牌盟友布鲁图和卡修斯。国不能无主，恺撒死后罗马共和国内战不断。在这一权力真空时期，后三头政治同盟应运而生，共担治理国家的职责——恺撒的养子及第一继承人屋大维坐镇西部，深受爱戴的将军安东尼负责管辖东部，而恺撒的亲密盟友雷必达执掌北非地区。在肃清刺客、粉碎不轨之徒企图复辟的图谋之后，罗马似乎恢复了和平景象。

不过，虽然表面看似风平浪静，实则屋大维和安东尼将军之间却明争暗斗。屋大维深知要暂避安东尼的锋芒，于是把自己的姐姐嫁给安东尼。即便如此，也没能让安东尼离开他那位危险的情妇埃及艳后的怀抱。就像恺撒一样，面对埃及艳后神秘的绝世容颜，安东尼也同样英雄难过美人关，拜倒在她的石榴裙下。安东尼知道此举会给他造成极大的麻烦，索性抛妻弃子，搬到埃及与情人厮混，在罗马公众中威信大减。

屋大维确信安东尼觊觎罗马唯一统治者这一宝座，于是和手下全力抹黑安东尼，声称他与异族女子成亲，触犯了罗马法律。安东尼在帕提亚战争中失利，他麾下的罗马军队惨败于帕提亚帝国，不过，这对安东尼来说还不是最糟糕的。最要命的是，他一心想扶植恺撒和克莉奥帕特拉七世之子小恺撒成为真正的继承人，并奉其为"王中之王"。忍无可忍之下，屋大维以恺撒指定的继承人之名，向克莉奥帕特拉七世及安东尼宣战。

交战之初，屋大维的很多对头纷纷投向安东尼一方，不过，屋大维还是得到了其密友、良将阿格里帕的襄助。阿格里帕指挥得当，屋大维的军队在交战初期连连告捷，还成功毁掉了安东尼在阿克提姆附近安布拉西亚湾的粮草供给。眼见粮草吃紧，加上克莉奥帕特拉女王一心想回埃及，安东尼开始计划与屋大维交战，并最终于公元前31年9月2日在阿克提姆港口迎战。

随后双方进行的海战呈势均力敌之势。正当双方战得难解难分之际，埃及艳后突然调转船头，命令手下撤回埃及。安东尼方寸大乱，惊慌失措之下，只好跟随他的情妇落荒而逃。

此役，屋大维大获全胜。一年后，屋大维的部队终于在亚历山大港彻底击溃了安东尼。安东尼误以为埃及艳后已死，也拔剑自刎。其实当时埃及艳后还活着，她试图对屋大维施展魅惑手段，却不料屋大维不为所动。眼见自己就要沦为屋大维的俘虏，遭受当街游行之辱，埃及艳后自杀身亡。屋大维处死了小恺撒，成为罗马的首位皇帝，封号奥古斯都。阿克提姆海战一战定乾坤，罗马帝国漫长而光荣的时代就此开始。公元14年，奥古斯都去世，享年75岁。

屋大维

舰船：250艘
步兵：1.6万人
弓箭手：3000人

屋大维
领袖

尤利乌斯·恺撒的养子和继承人，屋大维建立罗马帝国并出任首位皇帝，被称作奥古斯都。
优势：明智之极，将军权交给阿格里帕。
劣势：并非上将之才，民心不稳。

利博连（LIBURNIAN）战船
关键作战部队

一种轻型战船，机动灵活，船员可以向敌人射箭和投石。
优势：易于操控，善于抓住敌军的破绽。
劣势：实力有限，难以招架大型舰船的猛烈攻击。

投掷飞镖（PLUMBATA）
关键武器

这是用铅加重的重型锋利飞镖，射程可达全尺寸弓箭的两倍。
优势：由于其有效射程大增，能够远距离射杀敌人。
劣势：对技巧要求很高，并且需要大量的训练。

01 开局不利

安东尼的部队在等待屋大维舰队来犯的关键时刻，军中爆发了恶性疟疾疫情，结果，许多大型战舰都人手不足。安东尼将那些无人可用的舰船付之一炬，并将其余的舰船集结在一起。

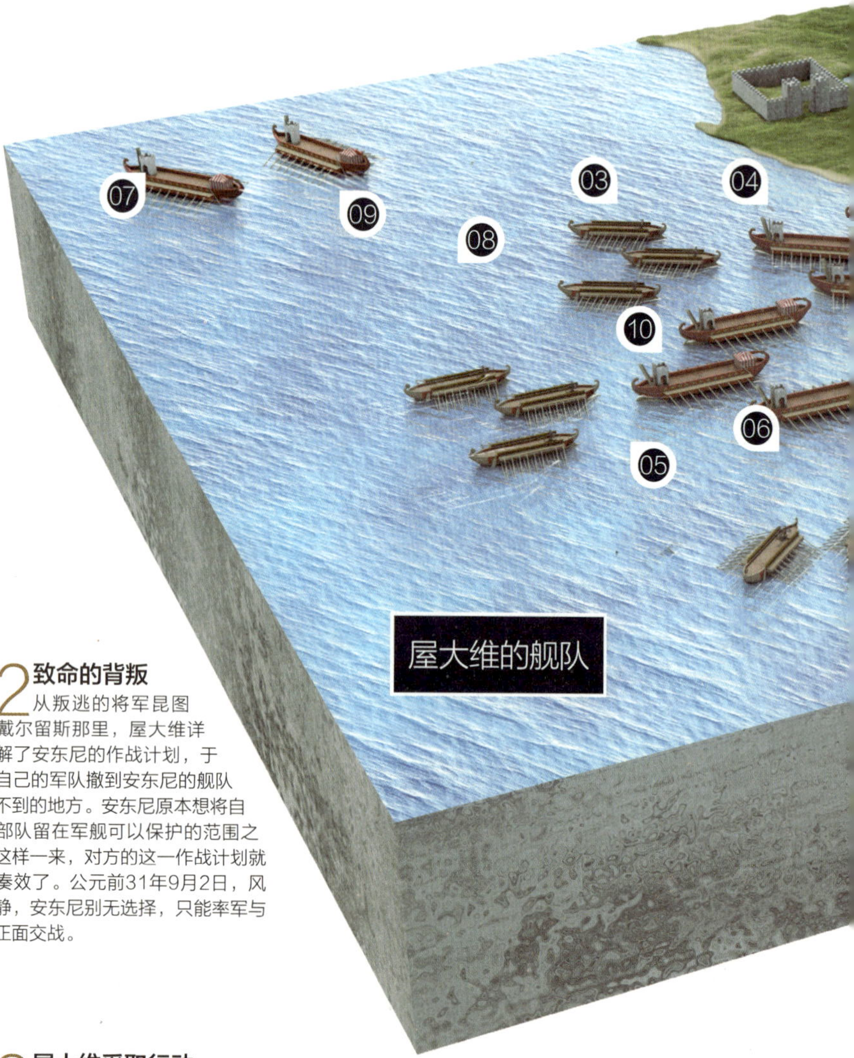

02 致命的背叛

从叛逃的将军昆图斯·戴尔留斯那里，屋大维详细了解了安东尼的作战计划，于是将自己的军队撤到安东尼的舰队攻击不到的地方。安东尼原本想将自己的部队留在军舰可以保护的范围之内，这样一来，对方的这一作战计划就无法奏效了。公元前31年9月2日，风平浪静，安东尼别无选择，只能率军与敌军正面交战。

03 屋大维采取行动

屋大维命令他的舰队在海湾前列成编队。当安东尼威风凛凛的大型舰艇驶过来时，屋大维的名将阿格里帕突然派出左翼舰船，试图绕过安东尼的右翼舰船。

10 残兵败将

安东尼撤退的时候，并没有顺利带回所有的舰船。一下子损失这么多艘舰船，也注定了余下的舰船难逃覆亡的命运。他们苦战至深夜，原本风平浪静的大海突然之间风浪大作，狂风不断拍打着舰船。他们再也无力继续战斗，纷纷向屋大维投降。最终，屋大维缴获了安东尼300艘舰船。

屋大维的舰队

04 两军相遇

卢修斯·波利科拉率领着安东尼军队的右军向外进发，正迎上敌方将军阿格里帕逼近的部队。结果，卢修斯·波利科拉的右军与安东尼的中军脱节，阵型出现破绽。安东尼的部队作战经验不足，最终舰队的中部主力陷入混乱。

09 统帅受挫
为了扫清一切累赘，安东尼命令手下将舰船上的木塔楼拆掉丢入大海，最后安东尼的舰队终于赶上了克莉奥帕特拉七世。埃及艳后允许安东尼登上自己的皇家主舰。不过，安东尼却无法面对自己的爱人。他走到船头，双手掩面，良久说不出话来。

08 安东尼逃离
安东尼没有收到克莉奥帕特拉七世打出的信号，眼睁睁看着他的爱人突然临阵逃脱，不禁大惊失色。他的整个舰队惊慌失措，乱成一团。安东尼迅速命令舰船张开风帆，急追克莉奥帕特拉七世，40艘战舰追随安东尼所乘的主舰而去。

07 埃及艳后撤退
克莉奥帕特拉七世一直在安东尼舰队的后方观战，随着战局的发展，她愈发焦虑起来。最终，她自认为已经看清战局走向，于是向舰队发出了撤退的信号。在交战双方激战之际，60艘埃及舰船临阵脱逃。

安东尼的舰队

06 战事升级
由于两军距离过近，远攻根本派不上用场，结果海战变成了海上的陆战，双方军人都手持盾牌、长矛和弓箭，拼尽全力想要爬上对方的舰船。双方互有攻守，持续了多时，将士们都疲惫不堪。燃烧物从安东尼的甲板飞泻而下，浓烟滚滚。

05 中心之战
当安东尼的中军乱成一团之际，屋大维的中军统帅卢修斯·阿伦蒂乌斯指挥战舰全速杀向敌军的中军。一场大战一触即发。

马克·安东尼

舰船：290艘
步兵：2万人
弓箭手：2000人

安东尼
领袖
著名政治家，是赫赫有名的将领，可惜他与埃及艳后相恋，令他与故国罗马的关系非常紧张。
优势：舰队规模庞大，且得到元老院强大的罗马执政官的大力支持。
劣势：埃及艳后弄得他神心大乱，意乱情迷。

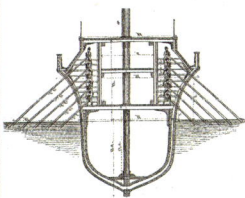

五桨座战船舰队
关键作战部队
船身巨大，令人生畏，船体非常重，冲击力巨大。
优势：配有青铜板装甲，抗冲击能力极强。
劣势：行动缓慢，机动性差，即便出个小故障，也会付出惨重代价。

弩车
关键武器
舰船的甲板上建有巨大的塔楼，可以向敌人射击。
优势：弹射力强，如果命中目标，足以毙命。
劣势：只要一次不中，就会延误战机，整船人都会遭受攻击。

强大的步兵
在由哈罗德国王统率的盎格鲁-撒克逊军队中，有大量的步兵和弓箭手，但骑兵人数很少。这一方面是因为英军刚与入侵的挪威人打完斯坦福桥战役，减员严重，另外还因为哈罗德麾下军队就是这样配置的，他们是通过激烈的近战而非复杂多变的战术来获胜的。

箭如雨下，尸横遍野
盎格鲁-撒克逊人的精锐长弓手也加入了战团。他们是数百年来举世无双的神箭手，他们躲在由盎格鲁-撒克逊人组成的盾墙后面相对安全的高处，张弓搭箭，箭如雨下，令诺曼-法国骑兵和步兵寸步难行。

强大的骑兵
与盎格鲁-撒克逊人不同，诺曼人都是马术大师，作战时大量骑兵部队参战。这些高贵的骑士自小就苦练马术和长矛搏击术。他们所用的是一种长矛状武器，近战或远战皆宜。这些骑兵训练有素，装备精良，是黑斯廷斯战役取得胜利的关键。

哈罗德国王
英国国王忏悔者爱德华驾崩后，哈罗德·戈德温森于1066年1月6日继位，成为新任英国国王。在黑斯廷斯战役之前，哈罗德已经在斯坦福桥击退了挪威国王哈拉尔德·哈德拉达的大军，保住了王位。哈罗德没来得及让士兵休整，就亲率大军奔赴黑斯廷斯。结果，此战不仅使他丢掉了王位，还丢了性命。

黑斯廷斯战役

英格兰黑斯廷斯，1066年10月14日

黑斯廷斯战役是英国历史上最有影响力的战役之一，是王位继承战争的高潮部分，死伤惨重。英国国王忏悔者爱德华死后，有三个人争夺英国王位，分别是爱德华的表亲诺曼底的威廉公爵、英格兰最有权势的哈罗德·戈德温森和爱德华的远亲挪威国王哈拉尔德·哈德拉达。不过，1066年9月25日，哈罗德·戈德温森在英格兰约克郡的斯坦福桥战役中击败了哈拉尔德·哈德拉达，只剩下两人争夺王位。

实际上，哈罗德·戈德温森在斯坦福桥战役获胜之后就已经提前称王，他认为虽然威廉公爵与英国国王忏悔者爱德华的血缘关系更近，但爱德华在死前已经承诺把王位传给自己。诺曼底的威廉公爵怒不可遏，在获得梵蒂冈的支持后，他组建了一支庞大的军队，包括诺曼军团、佛兰德军团、布列塔尼军团和法国（即巴黎）军团。

斯坦福桥战役后不久，威廉公爵就率军直奔英格兰。大军在英格兰南部海岸登陆之后，开始向伦敦挺进。哈罗德重新集结了剩余的军队，挥师南下阻击威廉公爵。两军在萨塞克斯郡黑斯廷斯镇西北约10千米的森拉克山丘处相遇。

此时，距斯坦福桥战役结束才三周，哈罗德麾下的部队人困马乏（整军未作休整，就从约克郡挥师南下迎击敌军）。而相比之下，诺曼-法国军队人数占优且以逸待劳。从详细的战况图和关键事件的先后顺序来看，这一战血腥异常。众所周知，此战中，威廉公爵胜利，并一举登上了英国王位。

在归结哈罗德此战失利的原因时，军事历史学家们说法各异，不过，大多数人都在三个关键点上达成了共识。其一，在应对威廉公爵的威胁时，哈罗德国王求胜心切，不顾大军人困马乏，未作休整，就率军从英格兰北部向南一路奔袭。其二，他麾下的大军虽经停伦敦，可他未能好好估量伦敦城的御敌能力有多强，没有留在伦敦等待敌军前来。如果他善于利用这些有利条件，形势会乐观得多。其三，在战场上（在森拉克山丘上）占据有利位置后，他未能保持自己军队的严整，这意味着只要敌军略施小计，就能攻破他的防线。

与其他王位继承争夺战的结果不同，这次战争的结果从根本上改变了英格兰之后的历史走向。威廉公爵战胜哈罗德之后，诺曼征服就开始了。在此过程中，绝大多数统治阶级权位不保，整个英国的行政管理架构经历了全面的改革——英王威廉一世时代制作的《末日审判书》（Domesday Book）就是最好的证明。

盎格鲁-撒克逊人的语言也逐渐被法语取代，英国与欧洲大陆的贸易及外交关系也得到增强，新的石头城堡、大教堂和民用建筑遍布全国，英国发展成为欧洲新的金融强国。实际上，诺曼征服对现代英格兰乃至整个英国的影响都非常大。

盎格鲁-撒克逊人

部队人数：7000人
骑兵人数：未知
大炮数量：0

哈罗德二世
领袖

在成为英格兰国王之前，哈罗德是一位极有权势的贵族，曾是管辖东安格利亚和韦塞克斯等多个地区的伯爵。他久经战场，战绩卓著，势力越来越大。
优势： 沙场老将，久经战场。
劣势： 斯坦福桥告捷之后，过于自信，谋略不足。

伦敦长弓手
关键作战部队

这些长弓手擅用箭矢远程攻击敌人，不仅射术精湛，而且机动性极强。
优势： 是当时世界上最训练有素、箭术最精湛的弓箭手。
劣势： 像所有弓箭手一样，遭遇短兵相接时会不堪一击。

长弓
关键武器

一种令人胆寒的可怕武器，战争初期，许多诺曼士兵命丧长弓的箭下。这种利器就是当时的狙击步枪。
优势： 相比标准弓，长弓无论是射程还是杀伤力都厉害得多。
劣势： 箭手不仅要上肢力量过人，还要勤加练习。

01 森拉克山丘
战斗开始时，哈罗德国王的部队驻扎在黑斯廷斯附近的森拉克山丘上，呈居高临下之势。步兵和弓箭手混合布阵，步兵在前，用一排盾牌结成盾墙来御敌。哈罗德打算凭盾墙之利来击退进犯的诺曼-法国大军。

02 一声令下，箭矢齐发
威廉驻扎部队的位置距离森拉克山丘不远，他一声令下，箭矢齐发。由于是从低处向高处放箭，并且英军的盾墙防御面积极大，所以这轮弓箭攻击没有给英军造成多大损害。

03 盾墙发威
眼见己方弓箭手进攻不利，威廉命令他的弓箭手重新加入步兵部队，一起向敌军发起冲锋。诺曼步兵快要登上山顶时，英军弓箭手居高临下放箭，杀伤力巨大。当诺曼步兵冲到英军的盾墙后，惨烈的肉搏战就此开始。

04 威廉公爵阵亡谣言
诺曼-法国步兵与英军短兵相接，威廉公爵命令手下的一些骑兵从后方增援，但经过一个多小时的激战之后，英军的盾墙仍然完好无损。英军攻破了威廉公爵的左翼，与此同时，威廉公爵阵亡的谣言也四起。为了让谣言不攻自破，威廉公爵索性脱下头盔，杀过战场去截击英军。

05 自乱阵脚
英军的步兵队伍在突破诺曼-法国军队的左翼之后，认为诺曼-法国军队的防线已经遭遇重挫。他们杀敌心切，就追赶后退的敌军冲下了山。这样一来，虽然他们多杀了一些敌军，但却破坏了英军的整体阵型，追下山的英军完全暴露在敌军的攻击之下，枉送了性命——如此巨大的失误，根本无法挽回。

10 英军败溃
哈罗德国王阵亡的噩耗很快传来，英军军心大乱，开始溃败。威廉公爵的部队穷追不舍。此战以威廉公爵胜利告终。

06 佯攻
下午1点左右，威廉公爵的军队依然没有攻破英军的盾墙。他一声令下，撤退部队，重新部署。在短暂的休整之后，威廉公爵决定改变战术，用骑兵发起多轮佯攻。

09 哈罗德国王阵亡

威廉公爵改变了战术，成果显著。傍晚时分，英军的盾牌阵终告失守。双方在山上展开肉搏战，整个战场陷入一片混乱，双方都死伤无数。下午6点左右，受伤的哈罗德国王遇袭阵亡。

07 盾墙失守

该战术果然奏效了，部分英军下山追敌，结果自乱阵脚，盾墙阵型大乱。无奈之下，英军只好收缩盾墙，不仅使盾墙防守范围大减，而且使哈罗德及其麾下为数不多的精锐骑兵部队也暴露在敌军的攻击之下。那些脱离盾阵下山追击诺曼-法国骑兵的英国士兵惨遭包围，死伤殆尽。

08 哈罗德的步兵侧翼被围

英军盾墙收缩，防守范围减小。这样一来，诺曼-法国军队就更容易从侧翼包围哈罗德国王的军队。于是，威廉命令剩下的骑兵部队从两翼向敌军发起进攻。

诺曼-法国

部队人数：1万人

骑兵人数：未知

大炮数量：0

威廉二世
领袖

领军人物威廉公爵身体强壮，以马术精湛闻名，是一位全能型领袖。他临阵应变的能力极强，在战事不利的局面之下常有神来之笔，反败为胜。正是因为他有这样的天资禀赋，才有了这次战争的完胜。

优势：体格的强壮程度令人印象深刻，并且马术精湛。

劣势：战场经验相对不足。

骑兵
关键作战部队

快速机动，来去如风——诺曼人的骑兵队伍训练有素，是此役取胜的关键。

优势：骑兵机动性极强，速度极快。

劣势：很容易遭受敌军步兵的长矛、长枪和侧翼弓箭手的攻击。

长矛
关键武器

这是一种古老的武器，非常适合近战，也可以近距离击杀敌人。

优势：这种武器应用非常广泛，既可用于近战，也可用于投掷杀敌。

劣势：需要多年苦练，方能得心应手。

·35·

英格兰人胆敢在他的国家颐指气使,怎能不令他怒不可遏。

斯特林桥战役

苏格兰斯特林，1297年9月11日

威廉·华莱士
苏格兰，1270—1305

小传 关于华莱士早年的情形，史料记载甚少。不过，据说他受过良好的教育，父亲是一位骑士。但毫无疑问的是，对于英格兰侵占苏格兰这件事，他越来越怒不可遏。此前，苏格兰在邓巴战役中惨败，遂落入爱德华一世之手。此外，华莱士与英格兰之间也有私仇。心怀家仇国恨，华莱士率军在斯特林桥战役中与英军拼死血战，取得胜利。后来，他成为名副其实的苏格兰王国的守护者。

在斯特林桥附近的奥古斯丁修道院旁边的高地上，威廉·华莱士迈着自信的步伐，行走在他的队伍中。他的成千上万的将士排兵列阵，眺望着不到一英里①外刚集结的英军，密切关注着敌军的动态。苏格兰队伍里不时地传出激动人心的欢呼声和挑衅的歌声。华莱士也不时地激发将士们的斗志，并表明自己对他们的厚望，令将士们热血沸腾、斗志昂扬。他郑重地对手下的勇士们说，这将是他们建功立业的荣耀时刻，是苏格兰的英雄好汉从英格兰侵略者手中夺回苏格兰的大好机会。

1297年9月11日，天刚蒙蒙亮。清晨，微风轻拂，泛着寒意，大战在即。就在几天前，苏格兰军队还在围攻邓迪城堡，因为一年前，英军在邓巴战役中胜利，占领了邓迪城堡。不过，当华莱士得知英军正奉英格兰国王爱德华一世之命向苏格兰杀来时，华莱士便不再围城，转而集结军队南下，去迎战他们凶残的宿敌英军。

英军并无什么值得称奇之处，但看起来也足够令人印象深刻。华莱士眺望着在河南岸集结的敌军，注意到微风中无数英格兰旗帜随风飘扬。英军骑士们骑着高头大马，全身戎装。而他自己的人大多是步兵，以长矛为武器，专业素养看起来与敌军不可同日而语。在萨里伯爵约翰·德·瓦朗和苏格兰财政大臣休·德·克莱辛翰的率领下，这支英军骁勇善战，简直就是战争机器。

华莱士手下的苏格兰士兵战斗经验远不及英军，他们不过是在苏格兰服过普通兵役而已，基本上都是没有坐骑的步兵。在英军看来，他们就是一帮不堪一击的乌合之众。不过，苏格兰全军上下众志成城、义愤填膺、士气高涨。华莱士深信，如果用兵得当，他的队伍将无往不利。此

---

① 1英里≈1.6千米。

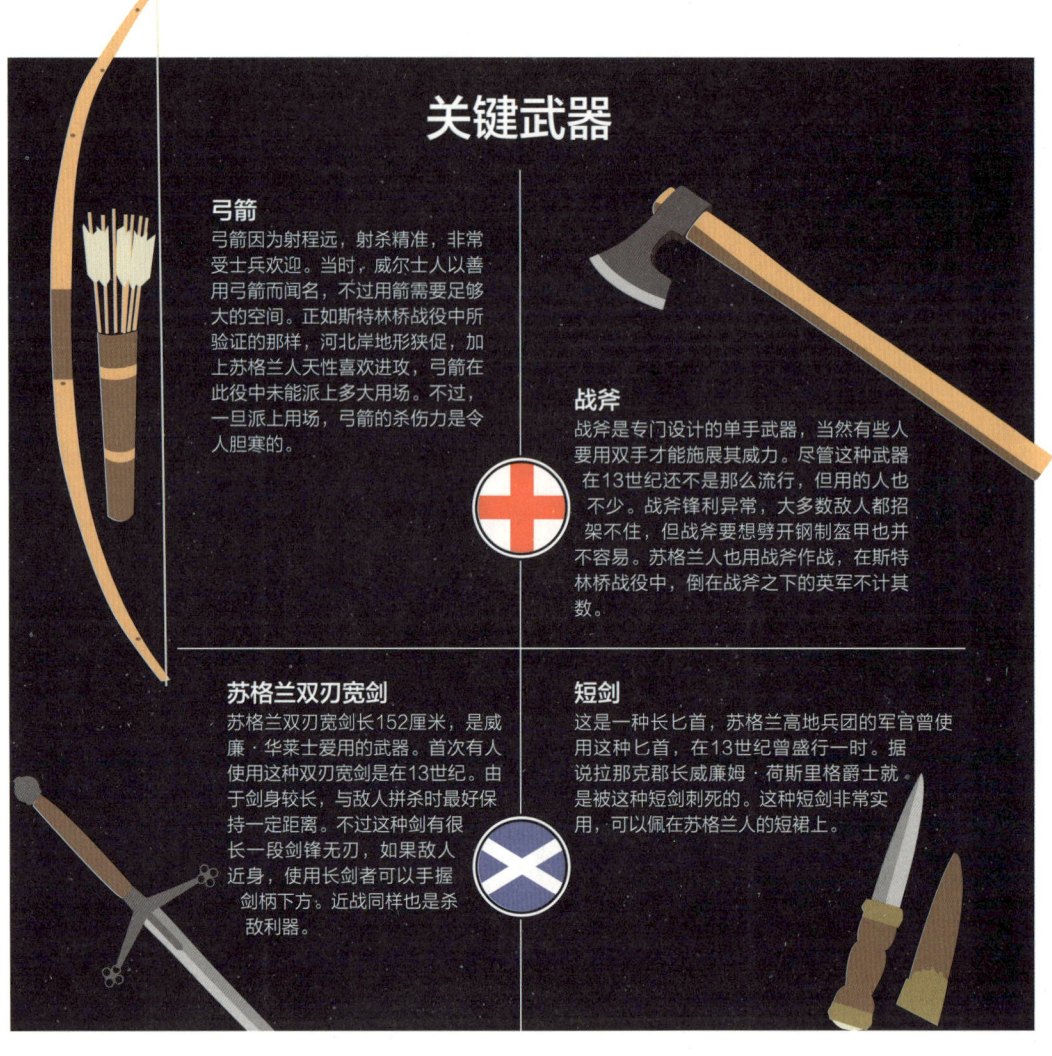

关键武器

弓箭
弓箭因为射程远,射杀精准,非常受士兵欢迎。当时,威尔士人以善用弓箭而闻名,不过用箭需要足够大的空间。正如斯特林桥战役中所验证的那样,河北岸地形狭促,加上苏格兰人天性喜欢进攻,弓箭在此役中未能派上多大用场。不过,一旦派上用场,弓箭的杀伤力是令人胆寒的。

战斧
战斧是专门设计的单手武器,当然有些人要用双手才能施展其威力。尽管这种武器在13世纪还不是那么流行,但用的人也不少。战斧锋利异常,大多数敌人都招架不住,但战斧要想劈开钢制盔甲也并不容易。苏格兰人也用战斧作战,在斯特林桥战役中,倒在战斧之下的英军不计其数。

苏格兰双刃宽剑
苏格兰双刃宽剑长152厘米,是威廉·华莱士爱用的武器。首次有人使用这种双刃宽剑是在13世纪。由于剑身较长,与敌人拼杀时最好保持一定距离。不过这种剑有很长一段剑锋无刃,如果敌人近身,使用长剑者可以手握剑柄下方。近战同样也是杀敌利器。

短剑
这是一种长匕首,苏格兰高地兵团的军官曾使用这种匕首,在13世纪曾盛行一时。据说拉那克郡长威廉姆·荷斯里格爵士就是被这种短剑刺死的。这种短剑非常实用,可以佩在苏格兰人的短裙上。

外,他在游击战方面经验丰富,因此,他并未采用与英军硬碰硬的战术。

不过,威廉·华莱士究竟是何方神圣?他到底有什么能力?又是如何指挥一支军队对抗英格兰的?从一位名为盲人哈利(Blind Harry)的说书人那里,我们可以对华莱士的生平略知一二:他家境殷实,家中有些田产,曾受过教育,能够用拉丁文和法文读写,并且曾接受过牧师职前培训。大约在14世纪末,苏格兰历史学家沃尔特·鲍尔这样形容华莱士:"他身材高大魁梧,五官端正,肩背宽阔,骨架粗大,臂膀和腿部都强壮有力,性格开朗,和蔼可亲,是最勇敢无畏的战士。"

1292年,英格兰国王爱德华一世扶植约翰·巴利奥尔为苏格兰新任国王,由此将苏格兰纳入英格兰的控制之下,两国之间长达百年的相对和平就此结束。巴利奥尔曾试图反抗英格兰对苏格兰的控制,想趁爱德华与法国开战之际寻求法国支持,也曾试图攻打英国的坎伯兰郡,不过未能成功。出于报复,英格兰派兵将苏格兰贝里克郡洗劫一空。英军所到之处烧杀抢掠,无恶不作,华莱士的愤怒日渐强烈。

根据流传的逸事,华莱士之所以揭竿而起,源于他曾遭遇一帮英兵的勒索。他刚从苏格兰的

约翰·德·瓦朗
英国，1231—1304

小传 第六代萨里伯爵约翰·德·瓦朗是爱德华一世统治期间的军事指挥官。1296年，他率领英军在邓巴战役中获胜，成为苏格兰王国和土地的守护者。返回英格兰后，他又重返北方迎战华莱士的军队。虽然此战失利，但他在1298年又赢得了福尔柯克战役的胜利，不过此役英军兵多将广，获胜也在情理当中。

▲ 斯特林桥战役，苏格兰大胜英格兰

河里捕上一条大鱼，对方就要求他双手把鱼奉上。华莱士本想息事宁人，给对方半条鱼了事，结果对方断然拒绝。华莱士再也按捺不住，手起刀落，眨眼间就将这些英兵全部砍翻在地。英格兰人胆敢在他自己的国家对他颐指气使，怎能不令他怒不可遏。

华莱士一生中最大的转折点是在1297年夏天。这一年，华莱士与安德鲁·德·莫雷合兵一处，共抗英军。华莱士和他的手下在拉纳克卷入了与英军的小冲突当中，华莱士重创了其中一位英兵。一些历史学家认为，英格兰拉纳克的治安官威廉·哈赛尔瑞格闻知此事之后，对华莱士的妻子梅伦·布拉德夫特实施报复，命令手下将她先奸后杀。据说，某日深夜，华莱士找哈赛尔瑞格寻仇，将其头盖骨劈成了两半。

正因为如此，这位出身于小郡县骑士家庭的子弟，最终成为率领苏格兰为争取民族独立而战的领军人物。在1297年一个寒冷的秋日，他率领苏格兰军队在山上等候，打算与英军决一死战。他的军队充满了野心和积怨，士气高涨。当安德鲁·德·莫雷及其部众加入他的义军后，他的实力大增。德·莫雷是一位绅士，曾在苏格兰高地和东北地区领导反抗英格兰的起义。德·莫雷已经攻占了多座苏格兰城镇，包括埃尔金和因

罗伯特·布鲁斯
苏格兰，1274—1329

小传 布鲁斯是卡里克伯爵罗伯特·布鲁斯之子。他反对爱德华一世扶植约翰·巴利奥尔为苏格兰国王。因此，当爱德华率军进犯苏格兰北部边境，导致巴利奥尔被迫退位时，布鲁斯得到了广泛支持。随后，布鲁斯转而追随威廉·华莱士，一起抗击英格兰对苏格兰的统治。华莱士不幸战败之后，布鲁斯成为苏格兰的守护者，成功登上了苏格兰王位。

弗内斯。二人共同制订了作战方案，在与英军相持时不急不躁，等待时机成熟就果断出击。

福斯河水流湍急，两军分列两岸，河东岸地势开阔，河西岸则遍地沼泽。如果英军想在交战中有所斩获，就必须过河攻击敌军。涉水过河可行不通——英军皆身着重装铠甲。英军普遍认为，最好的办法是从附近一座狭窄的木桥渡河。

斯特林桥仅容得下有限数量的人同时通过，而且只够两匹马并行。过桥之后，英军身处沼泽地带，而苏格兰军队则居高临下，占尽地利优势。萨里伯爵对此顾虑重重。

萨里伯爵知道形势对己方不利。他同意与苏格兰人议和休

战，于是派了伦诺克斯的马尔科姆伯爵和詹姆斯·斯图尔特前去谈判。结果二人空手而归——华莱士坚信形势对苏格兰人有利，他已做好战斗的准备，一言不发。形势对英军非常不利。但司库休·德·克莱辛翰仍坚持继续前进，并说服了萨里。9月11日拂晓时分，英军和威尔士步兵开始过桥。眼见敌军攻来，华莱士再次对手下训话，做战斗动员，确保将士已经准备好与敌军死战到底。

苏格兰军队将从英军中部攻击，德·莫雷的士兵从侧翼攻击。不过，他们需要耐心等候——要一直等到足够多的英军过河之后，华莱士才会命令部下发起进攻。

> 要一直等到足够多的英军已经过河之后，华莱士才会命令部下发起进攻。

国家四分五裂

苏格兰最有权势的家族一览

卡明家族

最著名的代表人物： 巴登诺赫公爵约翰三世·康明，1296年至1306年是苏格兰的守护者。他与他的父亲和表弟一起袭击了卡莱尔，苏格兰国王罗伯特·布鲁斯当时为英格兰国王爱德华一世守护此地。

卡明家族多有权有势？ 作为13世纪苏格兰最强大的家族，他们的势力之大足以左右政局，在苏格兰独立战争中起着至关重要的作用。

唐纳德家族

最著名的代表人物： 昂格斯，在1314年的班诺克本战役中为罗伯特·布鲁斯作战，唐纳德家族本已强大的地位愈加稳固。

唐纳德家族多有权有势？ 唐纳德家族是苏格兰最大的家族之一。每逢战事，苏格兰国王罗伯特·布鲁斯常将该家族的军队派在靠近苏格兰军队右翼的位置。

道格拉斯家族

最著名的代表人物： 威廉·道格拉斯三世，他加入威廉·华莱士的大军，为苏格兰独立而战。他此前曾拒绝听命于爱德华一世。

道格拉斯家族多有权有势？ 在中世纪后期，道格拉斯家族在苏格兰低地极有势力。他们的老宅是拉纳克郡的道格拉斯城堡。

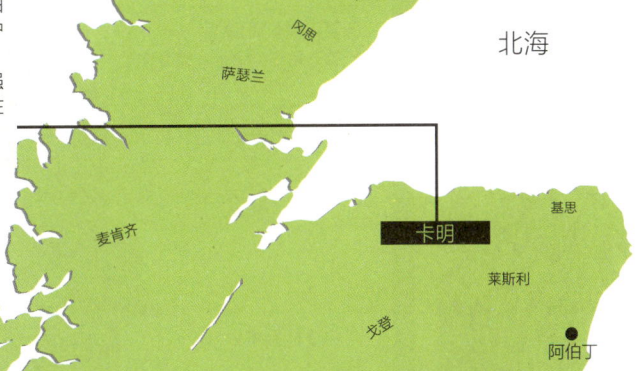

英军

部队人数：1.3万人

骑兵人数：50人

伤亡：6000人

约翰·德·瓦朗
领袖

萨里六世伯爵一年前在邓巴战役中击败了苏格兰人。此役中，他与英格兰在苏格兰的财政大臣休·德·克莱辛翰一起统率英军。

优势：他身经百战，包括爱德华一世在威尔士发动的多次战争。

劣势：他是有名的倒戈将军，并非忠诚之辈。

骑士
关键作战部队

骑士们全副武装，端坐在高头战马之上，都是训练有素、久经沙场的心狠手辣之辈，打胜仗对他们来说简直就是家常便饭。

优势：对于骑士来说，最重要的就是荣誉和骑士精神。他们本身就是精锐重装骑兵。

劣势：在斯特林桥一役中，马匹反倒成为他们的累赘，增大了过桥的难度。

剑
关键武器

铁器时代降低了剑的价格，铸剑的方式也因此改变。不过，剑仍是地位的象征，骑士们仍把剑作为优于别人的标志。

优势：剑是绝佳的劈砍利器，可轻松穿透护甲板或皮革。

劣势：剑用于近战效果更佳，而威尔士弓箭手的长弓则在远战时更具杀伤力。

1 南岸

1297年9月上旬，约有1.3万名英军向苏格兰斯特林城堡附近的福斯河南岸进发，其中一些是英军的精锐之师。他们由萨里六世伯爵约翰·德·瓦朗和英格兰在苏格兰的财政大臣休·德·克莱辛翰统领。

2 北岸

闻知敌军进犯，威廉·华莱士和安德鲁·德·莫雷集结了约8000人的队伍。同年初夏时分，他们领导苏格兰北部起义，反抗英格兰统治。苏格兰人的队伍先到一步，得以抢占了有利位置。

3 克雷格修道院

华莱士和德·莫雷一声令下，他们手下的苏格兰军队在河北岸一座名为克雷格修道院的大石山上占据有利地形。在此，他们可俯瞰整个地区，将大约1.6千米以外英军的一举一动，都尽收眼底。

4 斯特林桥

要想渡过福斯河，并非易事。这条河一路东流，横贯苏格兰，河深水急。斯特林有一座狭窄的木桥，是理想的渡河之地。

5 基尔迪恩·福特

在英军试图从斯特林桥过河之前，英军中的苏格兰叛将理查三世·伦迪爵士曾建议英军顺着河岸多走一段距离，在基尔迪恩·福特渡河。但休·德·克莱辛翰觉得这样做兴师动众，给养支出过大，且急于尽快过河攻击苏格兰军队，所以没有接受这一计策。

英王爱德华一世
英国，1239—1307

小传

爱德华一世是亨利三世之子，虽然颇有功绩，世人评价颇高，不过好战成性，一心想开疆拓土。他于1277年入侵威尔士，最终于1301年攻占了威尔士，随后，他又把目光投向了法国和苏格兰。连年征战，国库空虚，为了征集军饷，他不断加增关税。但在此过程中，他打造了一支令人闻风丧胆的精锐之师。

6 去而复返

1297年9月11日上午，英军决定从斯特林桥过河迎战。可是，萨里居然睡过头了。虽然英军和威尔士的弓箭手花了很久时间才过河，但他们还是收到了撤回原地的命令。看到英军又退回南岸，在高处观阵的苏格兰人惊得目瞪口呆。

7 英军采取行动

伦迪爵士建议从基尔迪恩·福特过河要容易得多——这里地势更宽，通行更容易。如果从此处过河，英军还可以从后方截击苏格兰人。斯特林桥仅能容两名骑士并行，如果从此处过河不仅速度慢，而且不安全。可是，无论怎么说，英军还是选择从此处过桥。

8 居高临下之势，苏格兰军队发起冲锋

华莱士和德·莫雷一直在耐心等待时机，眼见已有足够多的英军过桥，他一声令下，苏格兰军队的长矛手从克雷格修道院冲下山攻击英军。英军身处狭窄之地，被动至极，唯一逃命的办法就是涉水。他们根本来不及原路撤退。

10 英军死伤无数，士气受挫

德·莫雷在战斗中受了重伤，休·德·克莱辛翰被捕。萨里伯爵快速撤退，侥幸得脱。华莱士率军完胜英军。此役，5000名英军步兵和100名步兵阵亡，让爱德华一世颜面尽失。

9 英军死伤无数

当英军步兵惨遭屠戮之际，英军骑兵的战马也深陷泥泞，乱成一团，不是被活活砍死，就是溺水身亡。一些英军骑兵侥幸顺原路过桥逃脱，另一些则游到安全地带。萨里伯爵下令放火烧桥，以保全尚未过河的英军。

苏格兰军

部队人数：8000人

骑兵人数：35人

伤亡人数：未知

威廉·华莱士
领袖

在手刃英格兰警长威廉·哈赛尔瑞格之后，华莱士声名大振，被奉为无所畏惧的领袖，苏格兰各路豪杰纷纷前来归顺。他先后率军进攻珀斯康、安克拉姆和邓迪各地。事实证明，华莱士在战术战略方面相当有研究。

优势：华莱士勇敢无畏，一心为苏格兰争取自由，从不动摇，令全军士气大振。

劣势：并非出身于王公贵族之家，无法获得苏格兰各界的一致拥护。

长矛手
关键作战部队

由于大多数苏格兰贵族都被软禁在英格兰，所以华莱士的部下都来自下层人民，不过他们都是忠良之辈，肝脑涂地也在所不惜。

优势：尽管英军将他们视为泥腿子杂牌军，但由于指挥得当，他们的整体作战能力出色。

劣势：正如他们在福尔柯克战役中的表现那样，遇上更训练有素的对手时，就很难抵抗了。

长矛
关键武器

苏格兰人主要以斧头和刀为武器。不过，他们擅使3.7米的长矛，杀伤力更大。正是这种长矛，刺穿了休·德·克莱辛翰的盔甲，取了他的性命。

优势：由于长矛较长，持矛的士兵相隔一定距离就能够杀伤对手。

劣势：如果被迫近战，长矛就非常笨拙。

战争爆发的三个原因

苏格兰国王亚历山大三世驾崩

1286年3月18日，尽管属下已经提醒他当心恶劣的天气，但苏格兰国王亚历山大三世见第二任妻子心切，还是从爱丁堡城堡骑马一路赶往位于法夫的金霍恩城堡。国王在途中不幸落马身亡，44岁便英年早逝。由于他的三个孩子玛格丽特、亚历山大和大卫戴维都已身故，他年仅三岁的孙女玛格丽特被指定为唯一的继承人。然而，苏格兰民众希望苏格兰是由国王而非女王统治，这让英格兰国王爱德华一世有机可乘。

苏格兰国王亚历山大三世意外坠马身亡的那天晚上，他的属下曾多次劝告他不要去法夫。

英格兰加强对苏格兰的控制

英王爱德华一世答应帮助苏格兰选一位新国王，他建议玛格丽特嫁给他六岁的长子爱德华王子，可没想到玛格丽特很快就身染重病，并于1290年去世。玛格丽特去世时并未加冕。爱德华一世同意，按王位继承顺序找出最有资格加冕的王位继承人。不过，在此过程中，他对苏格兰的控制日益加强，并开始在苏格兰横征暴敛。他选择贵族约翰·巴利奥尔继承苏格兰王位，但显而易见，英王爱德华一世只是想扶植傀儡而已。

英王爱德华一世将约翰·巴利奥尔选为苏格兰国王。

法国-苏格兰条约

英王爱德华一世想与法国开战，他坚持要苏格兰人与他一起抗击法国。但是，就在1295年，约翰·巴利奥尔与法国国王腓力四世签署了一项条约。按照条约规定，如果苏格兰或法国遭受英格兰入侵，则另一方将共抗英格兰。眼见自己对苏格兰的控制江河日下，爱德华于1296年派遣军队进犯苏格兰边境。巴利奥尔本打算攻击坎伯兰郡，结果在苏格兰的伯威克镇受挫，巴利奥尔战败，不久退位。英军继续向北，一路行进到邓巴，战斗就在此地打响。苏格兰独立战争继续进行。

英王爱德华一世因对苏格兰人民的残酷镇压而被称作"苏格兰之锤"。

▲ 英王爱德华一世进攻苏格兰

苏格兰的独立之路

● **哈德良长城**
罗马皇帝哈德良统治英格兰时，决定修建一道防御长城，以抵御北方民族入侵。此长城横跨117.5千米，使用本地材料建造而成。
公元122年

● **西部独立**
有两个盖尔王国，称作达拉达，一个在爱尔兰，另一个在苏格兰西部，两国相互依赖。
575年

● **占领爱丁堡**
成立于604年的诺森比亚王国决定从葛德丁王国夺取爱丁堡。后者是不列颠尼亚东北部的一个王国，占领了爱丁堡长达三个世纪之久。
638年

● **火烧爱奥纳**
爱奥纳是苏格兰西海岸内赫布里底群岛的一座小岛，维京人曾火烧该岛。从8世纪开始，维京人就在全球各地劫掠和开展贸易。
802年

● **苏格兰国王**
肯尼思一世加冕为王，亚尔宾王朝由此开始。亚尔宾家族的两支后裔交替继承苏格兰王位。
842年

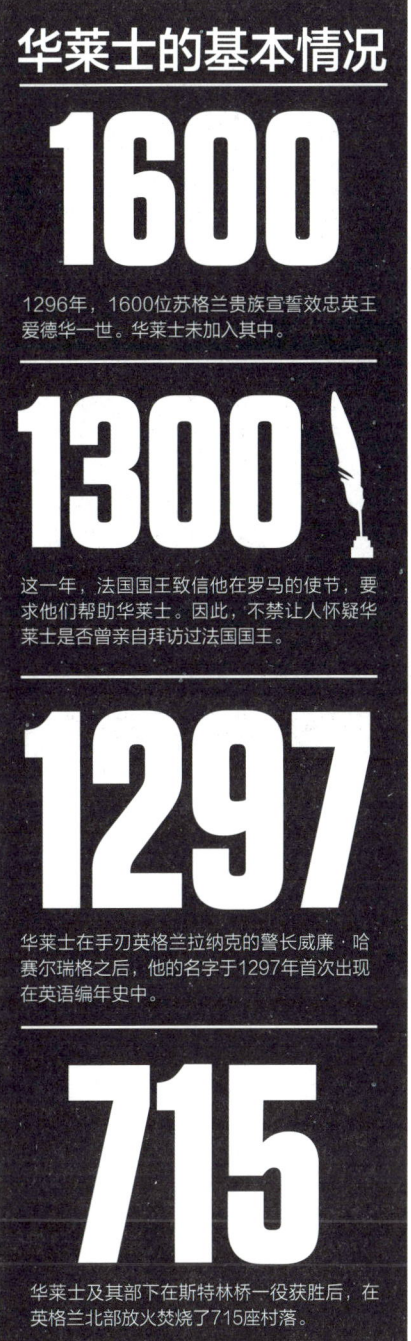

华莱士的基本情况

1600

1296年，1600位苏格兰贵族宣誓效忠英王爱德华一世。华莱士未加入其中。

1300

这一年，法国国王致信他在罗马的使节，要求他们帮助华莱士。因此，不禁让人怀疑华莱士是否曾亲自拜访过法国国王。

1297

华莱士在手刃英格兰拉纳克的警长威廉·哈赛尔瑞格之后，他的名字于1297年首次出现在英语编年史中。

715

华莱士及其部下在斯特林桥一役获胜后，在英格兰北部放火焚烧了715座村落。

实行封建制
一世成为苏格兰国王，统到1153年。他的统治时期所以被称为大卫一世改革，为他建立了自治市、修道封建制度，根据法国的系重组了王国。
4年

● 效忠英格兰
《法莱斯条约》由被俘虏的苏格兰国王威廉一世和亨利二世签署。条约规定，苏格兰从此效忠英格兰王室。
1174年

●《约克条约》
苏格兰的亚历山大二世和英格兰的亨利二世为苏格兰设定了新的边界。苏格兰不再要求对诺森伯兰郡、坎伯兰郡和威斯特摩兰郡的世袭权利。
1237年

●《珀斯条约》
苏格兰与挪威之间签署了此协议，由此结束了双方的冲突，并承认苏格兰对赫布里底群岛和马恩岛的主权。挪威由此获得设得兰群岛和奥克尼群岛的主权。
1266年

独立声明 ●
1292
苏格兰独立战争是由多种原因引发的，而将苏格兰王位授予约翰·巴利奥尔这件事更是一大诱因。结果，威廉·华莱士顺势崛起。
1292年

·45·

▲ 1274年8月10日，爱德华加冕

就在这时，令人难以置信的一幕发生了，萨里伯爵居然在自己的帐篷里睡着了。当他好不容易醒来时，已有数百英军过了桥。滑稽的场面出现了，萨里伯爵居然命令已经过桥的英军撤回来。华莱士对此困惑不解。这表明，萨里伯爵根本没把苏格兰军队放在眼里——无论英军是多么混乱不堪，军容不整，无论他何时下达过桥命令，英军都稳操胜券。

华莱士居高临下，这一切尽收他的眼底，知道敌军太过自信了。英军一旦过河，只能挤在狭窄的地带，三面环水，唯一可能的出路就是，回头过桥原路返回，或是突破苏格兰军队重围，杀出一条血路。萨里伯爵意识到了形势危险，可是休·德·克莱辛翰等人固执己见。英军首脑紧急召开战前会议。最后，萨里伯爵决定发起进攻。一声令下，英军重新过桥。河对岸，华莱士下令手下长矛手做好战斗准备，列好阵型。

华莱士军中大部分都是苏格兰长矛手——英格兰骑兵的克星。长矛长3.7米，矛头尖利异常，是杀敌的利器。然而，萨里伯爵再一次变了主意，他决定派人去和华莱士先谈谈再说。他一边召回军队，一边派了两位多米尼克天主教会的修道士去和苏格兰人谈判，但华莱士斩钉截铁地回答："回去告诉你的指挥官，我们不是来议和的，我们将为捍卫自己的权利和解放我们的王国而誓死一战。让你们的人尽管放马过来，我们会让他们知道厉害。"

英军方面再次起了疑心，有人提出另一条渡河方案：顺着河畔多走些距离，在浅滩处过河，不仅过河速度更快，而且能从后方包抄苏格兰人。但德·克莱辛翰否决了这一方案，他担心如此行军耗时太久，也会增大英军的开销。他固执至极，根本没有办法说服他。

英军再次过桥渡河，华莱士知道这次英军不会再撤回去了——战斗迫在眉睫。他强令士兵少安勿躁，命令大家匍匐在山坡上，一直等到足够多的英军过了桥。最终，大约有5400名英军步兵过了河。不等英军列队前进，华莱士一声令下，发起进攻。

苏格兰的长矛手居高临下，向奥契尔山下的英军发起进攻，打了对方一个措手不及。一队苏格兰士兵直奔斯特林桥而去，断了英军的退路。萨里伯爵本来打算让他的弓箭手各就各位，不过计划落空，因为英军弓箭手还没来得及过桥。苏格兰根本就不给他们机会。另一队苏格兰士兵从侧翼冲下山来，还有一队从中路进攻。英格兰骑兵纷纷落马，鲜血横流，把河中清澈凛冽的河水染成了红色。

在苏格兰军队的猛攻之下，英军节节败退，一直被逼到河边。无数英军士兵被砍得血肉横飞，还有一些落入河中溺亡，只有很少人侥幸游回对岸。马默杜克·吐翁爵士是唯一杀出重围死里逃生的骑士。英军军心大乱,他们本以为此役只不过是走个形式而已,己方胜券在握。在他们眼中,苏格兰人就是下等的蛮族,一群未经训练的乌合之众,可是,面对苏格兰士兵,英军却全无招架之力,只能撤退。英军很快发现自己已经身陷重围,萨里伯爵不禁大惊失色。他命令手下大约5000名残兵败将马上撤退并放火烧桥,以防苏格兰人过桥来追杀英格兰残军。战斗持续了一个多小时,惨叫声、吼叫声、兵刃撞击声响彻天空。死里逃生的英军飞一般地退回贝里克郡,来不及逃走的或是被俘或是被杀。

萨里伯爵侥幸逃脱,毫发无伤,不过从此名誉扫地。英格兰财政大臣休·德·克莱辛翰率英军最早过河到达北岸,他在突围时跌倒,继而被杀。

威廉·华莱士此战大胜英军。这是自黑暗时代以来,苏格兰人首次在重大战役中击败英军。不过,华莱士为之奋斗的寻求苏格兰民族自由这一目标任重而道远,还要克服无数艰难险阻,还有无数仗要打。斯特林桥战役取得胜利,令苏格兰举国上下再次燃起希望,他们甚至会认为苏格兰有可能再次实现民族自由。

> 在苏格兰军队的猛攻之下,英军节节败退,一直被逼到河边。

班诺克本战役

苏格兰东南，1314年6月23日至24日

▼ 在双方交战的第二天，英军陷入了恐慌，苏格兰人将宿敌逼入了班诺克本的水域中

1286年，苏格兰国王亚历山大三世意外坠马，摔断脖子身亡，引发了苏格兰王位继承危机。

6月24日清晨，黎明刚刚破晓，成排的苏格兰长矛兵战阵就迈过露水未干的地面进发，杀气腾腾。兵强马壮，刀枪耀眼，大有坚不可摧之势。虽然已经得知敌军人数优势，但苏格兰国王依然果敢坚毅——全军上下人人皆知，今日一战关系重大。如能克敌制胜，可能会成为祖国未来的转折点。在苏格兰第一次独立战争期间，班诺克本战役堪称苏格兰军队的最重大胜利。虽然爱德华二世的兵力占优，苏格兰处于劣势，但苏格兰国王罗伯特一世运筹帷幄，最终取得了决定性的胜利。

表面上看，驻守城堡的英军优势明显，其重骑兵部队装备精良，步兵身经百战。相比之下，苏格兰的军队人数少得多，多是由匆忙召集的农夫组成。双方实力悬殊，英军大有胜算。然而，罗伯特·布鲁斯一直反复操练他的步兵，对当地地形了如指掌，而且用兵如神，成功扭转了不利局面。相反，英王爱德华二世战术素养不足，令英军实力大打折扣，落得惨败。

在13世纪的大部分时间里，英格兰和苏格兰两国的王室都相安无事。正是通过联姻这一中世纪外交中不可或缺的要素，两国人民得以和睦相处。此外，由于苏格兰贵族在两国都有封地，所以两国睦邻友好对他们来说尤为重要。

可惜的是，苏格兰国王亚历山大三世在1286年意外落马，折断脖子身亡。这引发了苏格兰王位继任危机，两国睦邻友好的和平局面彻底终结。在众多王位继承候选人中，有两个人最有资格，即约翰·巴利奥尔和罗伯特·布鲁斯。精明强干的英格兰国王爱德华一世应苏格兰各方要求来调解，于1292年宣布支持巴利奥尔，条件是巴利奥尔必须代表苏格兰先承认英格兰的宗主地位。

苏格兰人并不愿与英格兰正面交锋，因为英王爱德华的军队是当时欧洲最精锐的部队之一。不过，他们认为英王爱德华对苏格兰图谋已久，而承认宗主这种做法并无先例可循。英王爱德华大为震怒，开始插手苏格兰内部事务。为此，苏格兰人于1295年与法国结盟，旨在遏制英格兰入侵。

在1296年4月27日的邓巴战役中，爱德华的主将约翰·德·瓦朗带领英军重骑兵战胜了苏格兰军队。英王爱德华废黜了约翰·巴利奥尔，抢走了神圣的苏格兰加冕石，大部分苏格兰贵族也沦为阶下囚。

这些都是令苏格兰人难以下咽的苦果。之后，苏格兰出现权力真空，时势造英雄，爱国者威廉·华莱士顺势而起。华莱士出身于骑士家庭，是家中的幼子。在1297年9月的斯特林桥战役中，他用兵如神，率领苏格兰人以少胜多，大胜英王爱德华。次年，英王爱德华向北进军，在1298年7月的福尔柯克之战中，率联军击败了华莱士带领的苏格兰军队。

华莱士曾是苏格兰反抗英格兰名副其实的领袖。不过，在福尔柯克之战后他交出了兵权，从此隐身幕后，直到最后遭叛徒出卖被俘。爱德华在1305年将他处死。至此，领导苏格兰抗击英格兰统治的最大希望就落在了安南代尔领主布鲁斯的肩上。不过，他曾于1302年向爱德华宣誓效忠。

1306年2月，在敦夫里斯郡的格雷弗利尔斯教堂，布鲁斯盛怒之下杀死了对手巴罕伯爵约翰·康明。之后他改变了想法，决意登上苏格兰王位。在一些贵族同僚的支持下，布鲁斯于1306年3月25日加冕为苏格兰国王。英王爱德华抓到华莱士的时候，曾宣誓要铲除布鲁斯。但天佑布鲁斯，英王爱德华死在率军征讨苏格兰的路上，征讨苏格兰反叛势力的大任就落在其子爱德华二世的肩上。

布鲁斯立刻着手从英格兰人手中夺回苏格兰城堡。到1314年3月底，除博斯韦尔、邓巴和斯特林以外的其他英格兰城堡已尽归苏格兰人之手。同年晚些时候，布鲁斯在苏格兰西部发动战争，命令他的兄弟爱德华夺回斯特林城堡。

精明的交易

由于缺少攻城利器，爱德华·布鲁斯别无选择，只能围困城池，等待敌军粮草不济归降。当时担任城主的是仍然忠于爱德华二世的苏格兰人菲利普·莫布雷爵士。他向爱德华·布鲁斯提出条件，如果英军直到1314年6月24日仍未来增援，那么他将投降献城。爱德华同意了这笔交易。莫布雷爵士此举精明至极，因为这样一来，就为英王爱德华二世争取了足足一年的时间来解围城之困。

英王爱德华二世向87家贵族发出了动员令，号令他们备足兵马，于1314年5月在贝里克郡集结。但只有少数英格兰伯爵应招亲自率众参战。这些人包括吉尔伯特·德·克莱尔（格洛斯特伯爵）、汉弗莱·德·博恩（赫里福德伯爵）和艾默·德·瓦朗斯（彭布罗克伯爵）。国王任命他的侄子德·克莱尔为英格兰先锋部队联合司令，并任命德·博恩为此战的英军总管。德·博

▲ 激战之前（1314年6月24日），苏格兰国王罗伯特·布鲁斯向他的部下发表了激动人心的讲话

▼ 苏格兰国王罗伯特·布鲁斯避开英格兰骑士亨利·德·博恩刺来的长矛，顺势挥起战斧，砍向了对手的头顶

恩的经验非常老道，并且是世袭贵族，誓死捍卫王权。英王爱德华二世得知苏格兰军队部署在沼泽地带，英军重骑兵很难发挥作用。于是，他直接写信给各地警长，命令他们尽可能多地派步兵增援。

最终，英格兰召集了1.4万名钩镰兵、2000名弓箭手和2000名骑兵。英格兰议会并没有给封建领主发出正式的召唤，因此到底有多少骑士和乡绅随英王亲征不得而知。在贝里克郡休整之后，部队进入泰恩河南岸的露营地安营扎寨。

从5月中旬起，布鲁斯开始在托伍德的斯特林城堡以南6千米处集结部队。他和手下将官反复操练他们的6000名长矛手，并鼓舞他们的士气，确保战时能配合默契。苏格兰步兵所用长矛足有4米长，攻守兼备。防御时，长矛主要用于对付骑兵的进攻，苏格兰的长矛手们围成圈，矛尖一致朝外,寒光闪闪。这就是大名鼎鼎的环形长矛阵。就算有敌军骑兵能侥幸突破长矛阵，也难逃苏格兰人的斧头和剑。

6月17日，英格兰部队在沃克和科尔德斯特里姆越过泰恩河。德·克莱尔伯爵率骑兵先行，中军和后军主要由步兵组成，跟在后面。6月22日落日时分，英格兰先头部队抵达福尔柯克。当布鲁斯探知英格兰人就在附近时，他命令部队回撤2千米，去往一处名为新园（New Park）的地方。这片区域位于一处悬崖的东部边缘，是斯特林城堡的狩猎保护区，林木繁茂。此处距离低洼的潮汐湿地巴尔奎德洛克很近，位于班诺克本河的北侧。在树木繁茂的悬崖与低洼的湿地之间，是一片空地。

布鲁斯国王深知，在这片沼泽地上，英格兰重骑兵很难任意驰骋。苏格兰步兵分为三个战团，布鲁斯国王亲率先头部队，爱德华·布鲁斯率领主力部队，莫瑞伯爵托马斯·兰道夫率领后军，于6月22日向新园进军。两支骑兵军团守卫纵队的两翼，分别由罗伯特·基思爵士和詹姆斯·道格拉斯勋爵统领。

追求个人荣耀

布鲁斯命令手下马上动手，在班诺克本河岸挖了数百个浅坑。坑宽0.3米，深0.9米，表面用草和灌木覆盖。之所以挖这些坑，是为了瓦解英格兰骑兵部队的冲锋——当战马踏入坑中时，战马和骑兵都会被绊倒在地。

6月23日上午，苏格兰先头部队向班诺克本渡口挺进。德·克莱尔在班诺克本北侧监视敌军时，派出德·博恩率领一小队骑兵和弓箭手迎战苏格兰军队。当两军越来越近时，汉弗莱的侄子亨利·德·博恩发现了骑着马的苏格兰国王布鲁斯。这位英格兰骑士立功心切，手持长矛直奔布鲁斯国王而去。直到博恩手中的长矛快刺到自己胸前时，布鲁斯国王才提马避开对手。他站在马镫上，挥起战斧，劈向来不及躲避的博恩。

德·克莱尔伯爵误认为苏格兰军队可能会向北撤退，于是命令罗伯特·克利福德男爵和亨利·博蒙特率领300骑兵进行了大范围的进攻，以截断苏格兰军队的退路。莫瑞调遣手下士兵与英格兰军队的侧翼交战，他们围成圆圈，形成了

▲ 罗伯特·布鲁斯国王的雕像。他目光炯炯，审视战场。他和他的长矛手在中世纪的这场战争中成功保家卫国，建功立业

环形长矛阵。英格兰骑兵团团围住苏格兰的环形长矛阵，可就是攻不进去，犹如熊熊火焰绕着火柱打转一般。无奈，克利福德下令全面撤军。

当晚，英军在佩尔斯特里姆和班诺克本交会处形成的"V"型低地上过夜。曾亲历此次战争的托马斯·格雷（Thomas Gray）写道，这"鬼地方到处是沼泽，潮湿不堪"，"英格兰军队在此休整，士气低落，白天的战况令他们心生不满"。

英王爱德华二世手下的一些部队正从南方赶来增援，于是他与伯爵召开了一次军事会议。会上，有人提议他再等一天，可以看看苏格兰军队是否会撤退，因为地形对敌军有利。还有人说，鉴于援军已经抵达城堡的有效范围之内，这意味着斯特林守城兵将不会向围城敌军投降。英王爱德华二世没有采纳众人的意见，因为他不想贻误战机，唯恐苏格兰人借机逃脱。

实际上，布鲁斯一直在考虑撤到伦诺克斯一带。不过，就在这天夜里，从敌军叛将亚历山大·塞顿爵士那里，他得知眼下英格兰全军上下士气低落。了解这一情况之后，布鲁斯下定决心与对方决一死战。

"粗壮的树篱"

就在决战当天，英王爱德华二世仍对己方军力及武器装备充满信心。他一心想在当天一举击溃苏格兰人。

苏格兰军队战前连续数日刻苦操练，终于在战场上大显神威。《爱德华二世的生活》（Vita Edwardi Secundi）的作者这样写道："他们像粗壮的树篱一样前进，要想破解这样的方阵绝非易事。"

《拉纳科斯特编年史》（Lanercost Chronicle）中记载：交战双方的弓箭手曾相互射击，其间英军略占上风。不过，其他同时期的史料并不认同这一说法。英军求战心切，德·克莱尔伯爵刚集结好骑兵队伍，便带领他们纵马小跑行军。身着甲胄的重装骑兵跨着高头战马，在冲积平原与森林之间的旱地上奔跑。英格兰军队算是幸运的，敌军的陷阱是防止英军的骑兵从南边袭来，因此他们的进攻一开始并未受阻。不过，苏格兰军队的环形长矛阵犹如铁桶般坚不可摧，英军骑兵苦攻不下。再加上英军攻击的范围过窄，无法发挥出侧翼弓箭手助攻的威力，至少在英军进攻初期阶段是这种情况。缺了步兵和弓箭手的协同作战，英军骑兵孤掌难鸣，面对防守密不透风的苏格兰长矛阵，无计可施。

一些英格兰骑士干脆仗剑或持斧劈向长矛阵，还有一些骑士则将手中的利器掷向防守紧密的敌阵中，希望能够击杀更多的敌军，以破坏敌军阵型，突破敌军防守。有些英军骑兵好不容易攻入敌阵，结果苏格兰士兵将他们团团围住，生生将他们拖下马来，刀斧齐下。乱军之中，德·克莱尔伯爵与家族扈从走散，落了单的伯爵大人也被英格兰人掀下马，送了性命。

混乱中不知道是谁发出的命令，一大群英格兰及威尔士弓箭手涉水过河，放箭攻击莫雷军队的左翼。眼见敌军来犯，布鲁斯命令基思率骑兵反击英格兰弓箭手。如果苏格兰骑兵当时没有果断出击，战局很有可能是另一种情形。根据苏格兰编年史学家约翰·巴伯尔的记述，当时英格兰弓箭手射箭的速度非常快，如果任由他们不断放箭攻击苏格兰军队，则会对苏格兰军队极为不利。

英格兰骑兵的攻击最终戛然而止，幸存的骑兵借助步兵掩护向东撤退。英格兰步兵昔日的雄风荡然无存，俨然一大帮军纪涣散的散兵游勇。战局混乱，英军步兵又陷入泥泞中，种种局面都不利于英军发动后续攻击。

如今,罗伯特·布鲁斯国王在苏格兰被奉为民族英雄

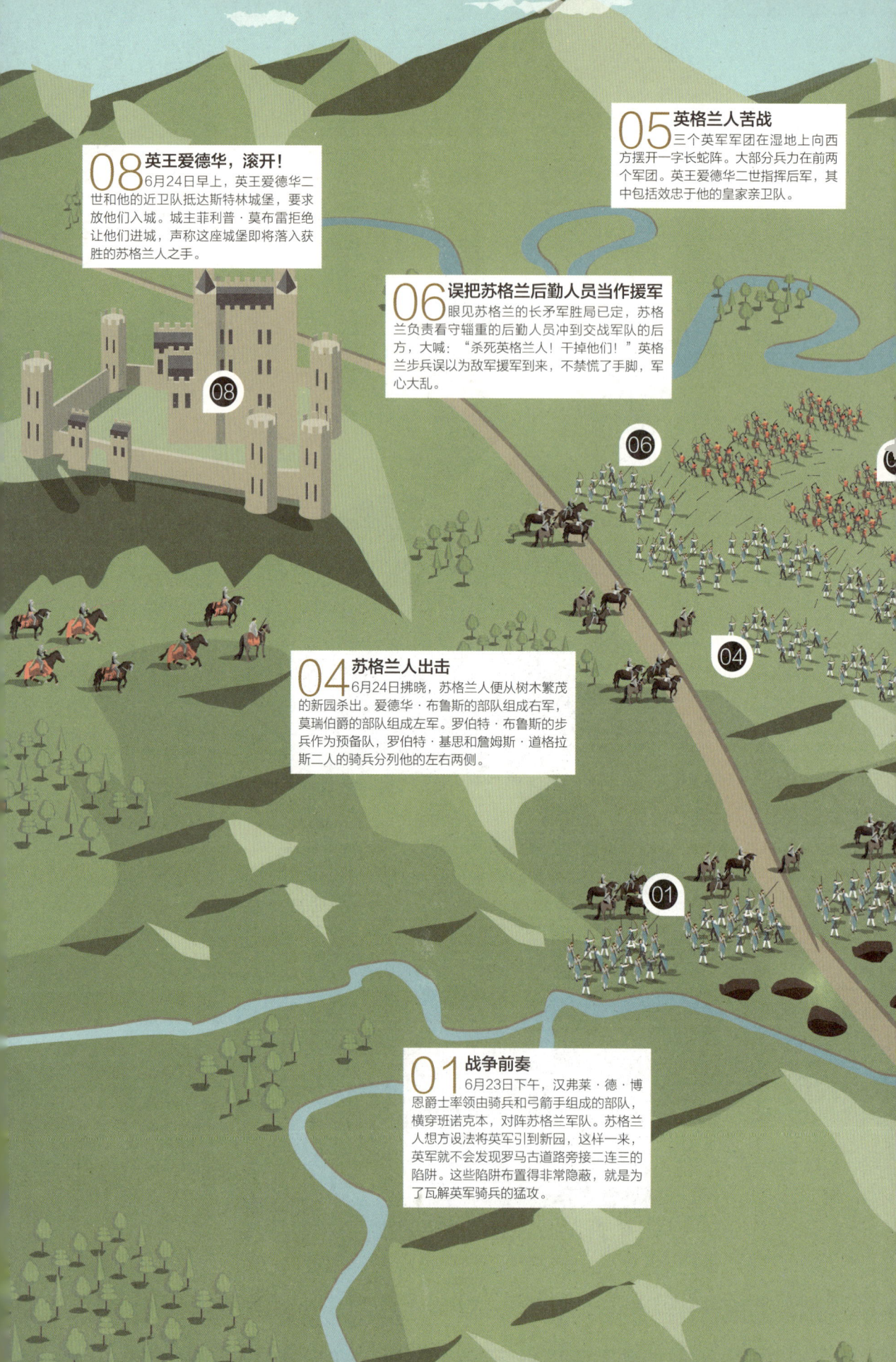

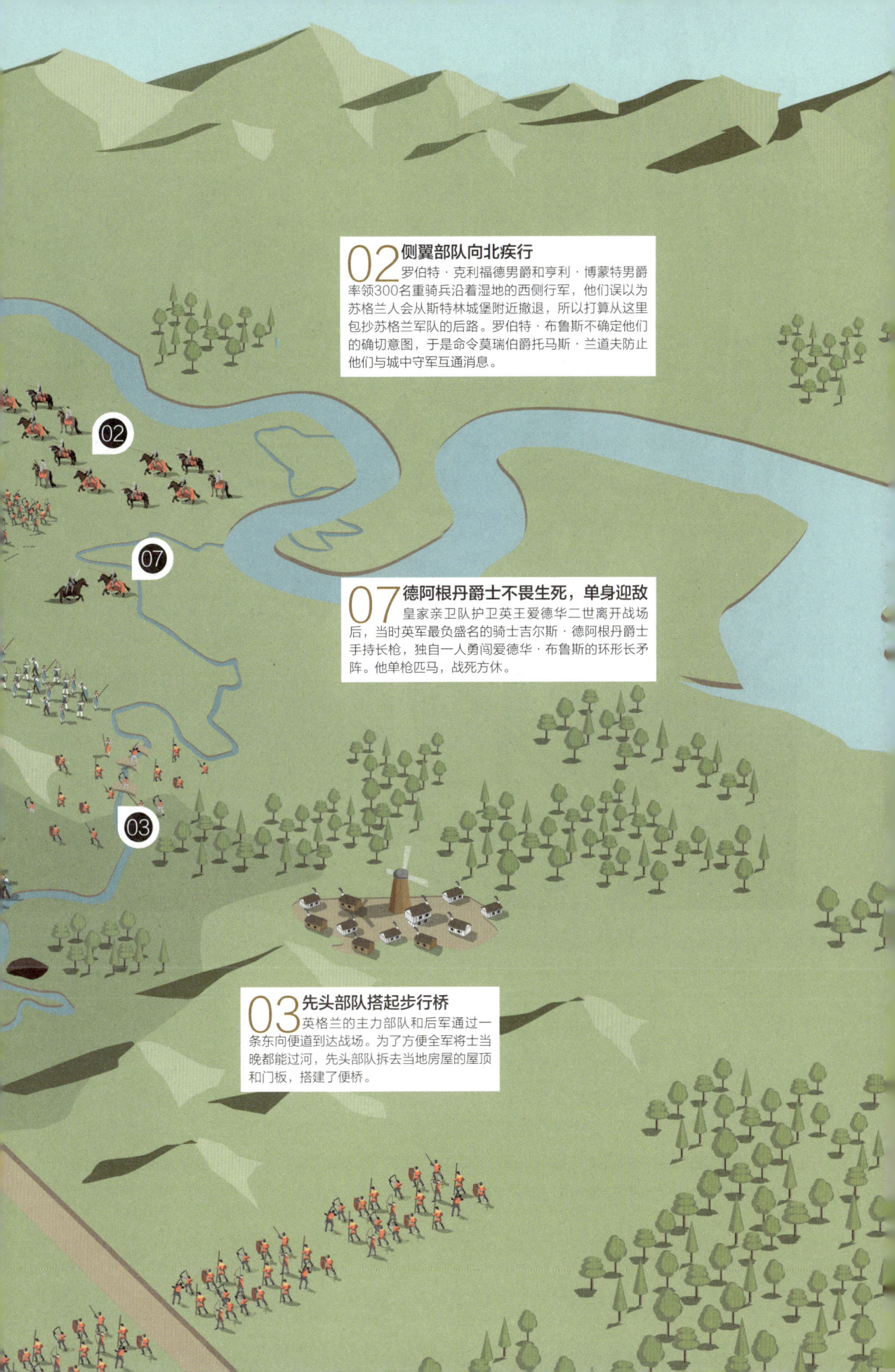

　　布鲁斯感觉到英军已是强弩之末，于是下令开始反攻，苏格兰环形长矛阵稳步向敌军逼去。他们高声呐喊"挺进！挺进！挺进！"，持续对敌军施加压力。英军拼死抵抗，结果只是枉费力气拖延时间而已。苏格兰军队硬是将英格兰军队从旱地逼退至低洼的湿地。面对苏格兰军队的进逼，许多英格兰士兵失足陷入淤泥中，被践踏而死。英王爱德华二世眼睁睁地看着自己的军队招架不住，开始溃退，惊得目瞪口呆。他试图策马上前重整败军。

　　彭布罗克和吉尔斯·德阿根丹爵士规劝国王不可恋战，速与皇家亲卫队撤离战场，走为上策。格雷这样写道："虽然有悖常理，可国王还是临阵脱逃了。"王室成员向北直奔斯特林城堡。对于心高气傲的英王爱德华二世来说，遭此败绩实乃奇耻大辱。就在几个小时之前，他还坚信英军定会大获全胜。

◀ 苏格兰环形长矛阵防守严密，英军骑兵苦攻不下

苏格兰凯旋之师

布鲁斯堪称将才，他智勇双全，善用地形优势，在班诺克本战役中厥功至伟。反观英方，英王爱德华二世及其手下主将都轻敌大意，太过自信。他们不仅未详细勘察地形，而且在次日清晨决战前和决定战局的关键阶段，都没有部署各兵种的协同作战，未能利用己方弓箭手来削弱苏格兰军队环形长矛阵的威力。

苏格兰军队战前饱餐一顿，并且以逸待劳，次日得以精神抖擞上阵杀敌。而大战当日，英军上下人困马乏，营地潮湿不堪，令人整夜难以入眠。最终，苏格兰人于7月20日占领了斯特林城堡，不过，整整14年以后，苏格兰才和英格兰签署了《爱丁堡-北安普敦条约》，英格兰正式承认苏格兰独立。

前锋部队
英军的先锋部队主要包括骑士和披甲武士。弓箭手分列两侧,藏身于战场旁边的树林中,但都在敌军弓弩的射程范围之外。

至上荣光
与其父亨利四世几年前在什鲁斯伯里战役中的使诈不同,亨利五世在此战中佩戴王冠,有鹤立鸡群之势。战争厮杀当中,敌军战斧劈中他的头部,王冠受损。

英王亨利五世
与法国国王不同的是,英王亨利五世御驾亲征,阵前身先士卒。他贵为英格兰国王,却一直是无畏的勇士——即使在临终之际,仍坚持让手下把他抬到围城之战的现场督战。

祈祷上帝眷顾
在列阵备战之时,英王亨利五世率兵一起祈祷,祈求上帝赐福,助他们战胜法国强敌。

阿金库尔战役

法国阿金古特，1415年10月25日

统一英国是英格兰先王亨利四世的夙愿。亨利五世国王在实现其王位合法化的过程中发现当时正是夺回领土、扩大英格兰疆域的大好时机。在他看来，这些领土本就属于英国，于是英法之战爆发。

1415年，英王亨利五世向法国国王求亲，要求迎娶法王查理六世之女凯瑟琳公主，还要求法国退还金雀花王朝的诺曼底和安茹领土，作为凯瑟琳公主的嫁妆。毫无疑问，查理六世对这位后生小辈的胆大妄为嗤之以鼻，断然拒绝，不过他还是送给年轻的英王一盒网球。查理六世的潜台词就是，亨利五世入侵法国就是痴心妄想，倒不如把心思花在玩网球上。

面对查理六世的奚落，亨利五世不动声色。他御驾亲征，决心凭实力攻占法国。如能战胜法军，亨利五世不仅能够收复先王割让给法国的领土，还可以获得国内百姓的拥戴，更能转移外界的注意力，不再关注他堂兄弟对王位的觊觎之心。

英王亨利五世势如破竹，旗开得胜。刚登上法国领土，他就立即占领了哈弗勒尔港口。在去往加来港口的途中，他发现前方一支法国大军拦住了去路，对方兵多将广，远胜英军，但亨利五世毫无惧色。面对人数远超己方的法国大军，他充分发挥了自己出众的军事韬略，大量使用长弓手，将他们的杀伤力发挥到极致，死在英军弓下的法国兵将不计其数。根据各种说法，估计有7500至1万名法军士兵阵亡，1500名法国贵族被俘，而英军的伤亡人数只有112人左右，阵亡者包括约克公爵和萨福克伯爵等爵位尊崇的贵族。法军被俘士兵更是不计其数，亨利五世假装经过一番深思熟虑后，下令将其中大部分俘虏处死，以防他们与法国的残余部队合并进行报复性攻击。

事实证明，亨利五世能在此战中以弱胜强，绝非侥幸。之后，历经三年征战，亨利五世再度报捷，征服了诺曼底。到1419年6月，亨利控制了诺曼底的大部分地区。英格兰在国内外都荣耀至极。

查理六世惨败，无奈之下只好同意签署《特鲁瓦条约》，该条约正式承认英王亨利五世为法国王位的继承人，并最终同意亨利迎娶凯瑟琳公主。1421年2月，亨利五世带着荣耀重返故土英格兰。

英法两国宿怨已久，此次英王亨利五世率军攻占法国大片领土，广受英国臣民爱戴。他率军在阿金库尔战役中大胜法军，更是其文韬武略和足智多谋的证明。另外，这也展现出英军不畏强敌的坚强品质和以弱胜强的实力。英军的这些特点会在未来的战役中展露无遗。

英格兰军队

部队人数：6000—9000人

长弓手：5000人

骑士：1000人

亨利五世
领袖
英王亨利五世是一位军事素养极高的指挥官，他不仅御驾亲征，而且身先士卒。
优势：久经沙场、勇武果敢。
劣势：手下兵力远远少于法军。

长弓手
关键作战部队
英国长弓手在此役中大显神威，为英军获胜立下汗马功劳。
优势：长弓射程远，敌军难以攻击。
劣势：甲胄相对单薄，如果遭到攻击，将伤亡惨重。

长弓
关键武器
长弓射速极快，每分钟可发射6支箭，方圆360米内可伤敌，180米内足以毙敌，90米内甚至可洞穿敌军甲胄。
优势：非常精准且杀伤力强。
劣势：可供长弓手使用的箭矢数量有限。

01 扎营过夜
10月24日，就在距离弗雷文镇的加来约48千米的地方，英军侦查人员报告，前方法国大军挡住去路。无奈，亨利五世下令部下在此扎营过夜。

02 各就各位
去往加来的英格兰军队由三路骑士和披甲武士组成：右军由卡莫斯勋爵统领，托马斯·欧平汉爵士执掌左军，约克公爵则坐镇中军。法军的第一阵由法国骑士统领，第二阵由巴尔公爵和德·阿郎松公爵统领，第三阵由默尔伯爵和法尔康伯格伯爵统领。

03 旗帜飘扬
英王亨利五世苦等法军进攻不至，焦躁不安，于是命令英军发起进攻。一旦进入法国弓箭手的射程范围之内，亨利五世就命令英军弓箭手按阵型把两头削尖的木桩插进土中，组成一道防线。在两军阵地周围的树林中，亨利五世指示弓箭手和披甲武士以树林为掩护，尽量靠近法国军队。

04 箭如雨下
英王亨利五世一声令下，英军弓箭手万箭齐发，向法军射去，而当时法国大军正挤作一团，躲闪不及。英军弓箭手的这一轮攻击，令法军伤亡惨重。

05 法军拼死进攻
初战受挫之后，法军拼死进攻，试图争取进攻的主动权。不过，此时法军已经伤亡惨重，死马和中箭倒地的士兵阻挡了法军进攻的速度。法军的速度慢下来之后，很容易被树林中隐藏的英国弓箭手击毙。

06 弓箭手加入战局
战斗继续沿着英军的木桩阵进行，英国弓箭手也不再原地固守，而是加入骑士团抗击法国骑兵部队。无奈之下，大多数法国骑兵被迫下马作战。

10 法军营地被洗劫一空

最终，当地法军的抵抗被击溃，英格兰军队洗劫了法军溃败时来不及带走的所有辎重。此役英军以弱胜强，缔造了战争史上的传奇。

09 当地法国武装劫掠英军大营

就在双方交战已经结束之际，一支法国当地武装绕过森林，袭击了英军大营，大有重燃战火之势。由于被俘法军人数众多，英王亨利五世担心俘虏加入当地武装，于是下令处决俘虏，直到英军击退袭击。

迈斯孔塞

07 法军第二阵进攻

为了增援被围困的法军第一阵，德·阿郎松公爵带领第二阵士兵奋勇进攻，但同样身陷重围。眼见己方进攻不利，公爵本来试图向英王亨利五世投降，可还没到亨利五世身前就已经横尸沙场。

08 法军第三阵溃逃

眼见己方第一阵和第二阵的兵将都死伤惨重，法军第三阵将士在战场边迟疑不决，不知是否要加入战斗。英王亨利五世派遣使者告知他们，如果他们参战，人人都难逃一死。无奈之下，法军第三阵将士只能临阵脱逃。

法国

部队人数：3.6万人

骑士：8800人

查尔斯·达伯特
领袖
法国原骑士统帅，与让·勒迈埃共同指挥法国军队。
优势：久经沙场的老兵。
劣势：社会地位低下，贵族们根本不听他调遣。

骑士
关键作战部队
法军多是重装步兵，如果正面作战，绝对是一支劲旅。
优势：身穿重甲，在近战中占尽优势。
劣势：行动迟缓，很容易被弓箭手射杀。

马匹
关键武器
骑士们跨着高头大马，人多势众，常常令敌人望而生畏。
优势：行动迅速，武力强大。
劣势：如果是在地势狭窄的沼泽地带作战，骑兵就全无用武之地。

博斯沃思战役

英格兰博斯沃思,1485年8月22日

▲ 理查三世撞上了亨利·都铎的旗手威廉·布兰登，立刻就杀死了他

清晨，夏日，太阳初升，弓箭手、钩镰兵、剑客和骑士已经列队，战马焦虑不安的嘶鸣声、盔甲和武器的砰砰撞击声，不绝于耳。1485年8月22日，这是决定英格兰命运的一天。上千名英格兰、威尔士以及法国士兵为之付出了生命。

里士满伯爵亨利·都铎将视线投向战场，敌军的军旗——约克家族的白色族徽在风中飘扬。对于亨利·都铎而言，理查三世不仅阻挡了他前往伦敦的去路，更是他夺取英格兰王位的拦路虎。而理查三世也在有意识地巡视两军之间的宽阔地带，他也看到了亨利的兰开斯特家族战旗——红龙旗。如果理查三世能够拿下这场战争，他将坐稳英格兰国王的宝座，震慑其他的假意归顺者和犯上作乱者。

理查三世的约克家族与兰开斯特家族是死对头，数十年来为争夺英格兰王位争斗不休，战事不断，史称"玫瑰战争"。双方参战的圣奥尔本斯战役、陶顿战役、巴尼特战役、图克斯伯里战役及其他大大小小的战役都相当残酷。不过即便如此，这两个家族并未迎来长久的和平，争斗依旧不休。结果，在1485年8月22日的博斯沃思战役中，这对宿敌在战场上最终做了个了断。

理查三世的兄长，出身约克家族的英格兰国王爱德华四世去世后，理查三世仅13岁的侄子爱德华五世即位刚两个月，就离奇过世。理查三世于1483年登上王位，许多臣民都质疑他即位的合法性。以理查三世篡位为名奋起反抗的首领是白金汉公爵亨利·斯塔福德，他率众发起叛乱，反对新国王。与此同时，兰开斯特家族的王位继承人亨利·都铎得到布列塔尼公爵弗朗西斯二世的保护，在法国流亡了14年。他本来计划率军渡过海峡与叛军联合，没想到途中遭遇风暴被迫返回法国布列塔尼，而以他的名义发起的国内暴动遭到镇压，白金汉公爵被斩首。

两年后，亨利·都铎再次踏上夺回王位的征程，这次他成功地登上了他的家乡威尔士的米尔福德港。都铎很快就得到了一些英格兰骑士和威尔士战士的支持，都铎的军队日益壮大。此外，他还带来了约1500名法国雇佣兵，这是他的法国金主对他的支持。但同时，理查三世也号召更多的贵族家族来打击都铎的军队。

博斯沃思战场距伦敦仅100多千米，位于小村庄珊顿和萨顿切尼之间。理查三世率军先到一步，切断了亨利·都铎进军伦敦的道路，他选择在靠近安比昂山（Ambion Hill）的地方扎营，在此可以俯瞰南边的来路并可以用火炮轰击敌军。山脚下有一大片宽阔的沼泽地，兰开斯特家族的步兵和骑兵要想从此穿过，会颇费工夫。理查三世的军队分为三部分：主力军或者说是先头部队位于右翼，由诺福克伯爵统辖；理查三世亲自率领的人马少一些，主要是皇家骑兵团，位于略微靠中后的位置；诺森伯兰伯爵则率军位于左翼。亨利·都铎的部队在位于西南处偏僻的白色沼泽（White Moors）地带过夜。在文学作品里，我们可以看到理查三世一夜难眠，噩梦不断。不过，无论是真是假，国王麾下的军队应该是以逸待劳，已经准备好抗击从南方杀来的敌军。理查三世本人就是杰出的战士，作战经验丰富，历经多次战役。相比之下，亨利·都铎毫无作战经验，他成年后很长一段时间是在法国过着流亡生

理查三世本人就是杰出的战士，作战经验丰富，历经多次战役。相比之下，亨利·都铎则毫无作战经验。

▲ 理查三世发现亨利·都铎的护卫露出破绽,有机可乘,于是提起他的长矛准备杀上前去

活。因此,亨利·都铎把相当一部分战略决策和直接调动军队的权力,都交给了牛津勋爵。牛津勋爵是亨利·都铎的盟友之一,也是约克家族的死敌。

不过,还有另一个足以左右战局的关键因素,该因素足以改变交战双方的实力对比,那就是斯坦利家族。无论是威廉爵士还是第一代德比伯爵托马斯·斯坦利,都是理查三世的坚定支持者。二人也都因为对王室表忠心而获得封赏:威廉被任命为北威尔士首席法官,托马斯·斯坦利被奉为英格兰王室大督军。然而,不利于理查三世的是,托马斯·斯坦利娶了亨利·都铎的母亲玛格丽特·博福特,而玛格丽特正是将儿子带到英国并助他争夺王位的主要谋划者。每个人都希望自己选择的一方胜利。

与该时期的许多战争一样,国王和军事指挥官们经常临阵督战,甚至亲自冲锋陷阵,为的是鼓舞自己军队的士气,压制敌军的斗志。博斯沃思战役的战场不仅可以考验普通士兵的勇气,还考验着军事指挥官的领导和战斗能力。

居高临下发射弓箭

亨利·都铎的军队在靠近沃特林街的地方集结,然后沿着罗马古道向理查三世的军队挺进,斯坦利家族的部队从东南方尾随,并未加入战

▲ 博斯沃思古战场如今的模样

斗。就在亨利·都铎的军队距离理查三世大概还有1000米远的时候，前方山顶的皇家炮兵突然向叛军发动攻击。理查三世想先用炮击给叛军步兵一个下马威，然后削弱敌军的侧翼，以求快速从侧面包围敌军。牛津勋爵意识到，如果正面攻击，危险很大，于是决定调动部队，转而进攻理查三世的右翼，而右翼正是由诺福克伯爵指挥。牛津公爵排兵布阵时将沼泽地置于部队的右侧，这样他就可以确保在一定程度上保护他的军队抵挡诺森伯兰伯爵或理查三世从侧翼的攻击，甚至还有机会让理查三世的部队陷入混乱。

眼见皇家炮兵的炮弹不断落在敌军当中，理查三世一如既往地信心满满。他的自信出于两点，一是显然敌军没有炮兵，根本无力反击；二是斯坦利家族尚未表态，叛军实力不足为惧。但法军和威尔士军队一起来犯，就是要消灭英格兰军队。在此情况之下，英格兰的荣誉，以及英格兰国王的王位都岌岌可危。于是，理查三世命令诺福克伯爵发动进攻。

当叛军进入弓箭射程之内时，诺福克统率的先头部队的弓箭手张弓搭箭，射向敌军步兵。弓箭通常是15世纪英国军队的主要武器，杀伤力极强。当诺福克伯爵的弓箭手占据居高临下的优势时，亨利·都铎手下的威尔士弓箭手也给了皇家军队一两次致命的扫射。法国人的尖叫声、威尔士人的吼叫声，还有英格兰人的呐喊声都响彻半空，双方战作一团。钩镰兵手持又长又重的钩镰，在战场四下搜索身穿甲胄的军士，并将其击倒在地。他们手持的钩镰带有钩状刀片，擅于勾住盔甲，使身穿盔甲者失去平衡而倒地。

诺福克伯爵的先锋骑兵从两侧杀入战团，很可能给敌军造成了致命的打击。不过，一旦他们置身于战阵中，身披铠甲的骑士都会成为巨大的目标，无论是钩镰兵、弓箭手还是骑士，都不会放过他们。在奋力抵抗住诺福克伯爵发起的进攻之后，牛津勋爵的军队很快就形成了楔形阵，共同抵御约克家族的攻击。

国王赌上身家性命

随后，理查三世遭遇了灭顶之灾。虽然诺福克伯爵当时年事已高（当时他至少60岁——在中世纪战争中已经算是高龄），但他一直在英军皇家先锋部队中与儿子萨里伯爵并肩作战。牛津勋爵率领亨利·都铎的先锋部队，在战场上找到诺福克伯爵，二人展开一对一的厮杀。牛津勋爵数次击中诺福克伯爵的头部，并将其头盔击落。混战中一箭射来，正中诺福克伯爵的脑门，伯爵当场毙命。萨里伯爵也在乱战中受了伤，被亨利·都铎的士兵俘虏。

牛津勋爵指挥若定，理查三世在山上居高临下的优势慢慢消失殆尽，另外，他的火炮位置不当，无法有效地发挥作用。形势十分不妙，敌军开始对理查三世的右翼发起进攻，削弱了其整条战线的实力，沼泽地就在他的前方，阻碍他们侧翼攻击。糟糕的是，不知是诺森伯兰伯爵临阵变节还是沟通有误，他一直对国王发出的参战命令没有任何响应，并未派兵参战。更糟的是，斯坦利家族依然按兵不动，未偏向任何一方，对交战双方都形成威压之势。由于诺福克伯爵已经阵亡，理查三世大势已去。

就在这时，理查三世的几个亲密盟友也开始临阵倒戈。西班牙冒险家胡安·德·萨拉萨尔曾参加博斯沃思战役，为理查三世而战。据他说，

▲ 博斯沃思战场遗址中心的立体透视模型

约克家族

部队人数：1000—1.5万人

骑兵人数：1500人

伤亡：1000人

领袖
英格兰国王理查三世、诺森伯兰伯爵、诺福克伯爵

扭转战局的关键
无论是作为军事统帅，还是身为战士，理查三世的能力都远在亨利·都铎之上。即使不用主力部队出战，他的火炮部队也能痛击敌军。

兰开斯特家族

部队人数：5000人

骑兵人数：约200人

伤亡人数：100人

领袖
里士满伯爵亨利·都铎、牛津勋爵

扭转战局的关键
牛津勋爵作战经验丰富，直觉非常敏锐，这些对亨利·都铎的军队至关重要。此外，与理查三世不同的是，他手下的所有人都对他忠贞不贰，誓死效忠他。亨利·都铎继父的兄弟威廉·斯坦利爵士已经改变了立场，决定支持兰开斯特家族。

斯坦利家族

部队人数：5000—8000人

骑兵人数：未知

伤亡人数：未知

领袖
德比伯爵托马斯·斯坦利、北威尔士首席法官威廉·斯坦利爵士

扭转战局的关键
起先，斯坦利家族的军队并未归顺交战双方的任何一方，他们驻扎的位置非常妙，无论想攻击哪一方，都可以随时发动攻击。

他亲眼见到理查三世的几支军队归降敌军，于是警告国王"陛下当心"。理查三世当时回应道："萨拉萨尔，上帝绝不容我退缩半步。今天就是生死存亡之日，死也要有个国王的样子。"当然，我们从下文中可以知晓，理查三世是一位真正的斗士，久经沙场且勇武过人，宁死不屈。

为了逼迫斯坦利家族加入战团，亨利·都铎曾去往斯坦利家族的部队，打算亲自将他们招致麾下，共同对付理查三世。眼见亨利·都铎家族的红龙旗从战场后方离开，理查三世急忙召唤皇家骑兵团随他冲锋陷阵。他下定决心要给亨利·都铎雷霆一击，一举击杀敌军的主将，从而结束战斗和平复叛乱。

见此情景，亨利·都铎的小型护卫队大惊失色，赶紧围拢上来，挡在亨利·都铎的身前，抵挡理查三世的猛攻。理查三世奋力砍死对头的旗手威廉·布兰登，可惜却无法杀到年轻的都铎近前。

正当都铎和理查三世双方的随身护卫死战之际，斯坦利家族的威廉·斯坦利爵士率众归降了亨利·都铎。当斯坦利家族的人马加入战团之后，理查三世知道自己大势已去。没过多久，他与护卫失散，在试图逃离斯坦利家族军队的追击时，战马陷入沼泽动弹不得。理查三世落入孤立无援的境地。

法国人的尖叫声、威尔士人的吼叫声，还有英格兰人的呐喊声都响彻半空，双方战作一团。

▲ 战斗结束后,托马斯·斯坦利亲自给亨利·都铎呈上理查三世头颅上的王冠

01 亨利·都铎率军挺进

牛津勋爵和亨利·都铎率军从他的营地出发,沿着罗马古道行进到理查三世军队的西南位置时,遭到皇家炮兵的猛烈攻击。斯坦利家族的部队距离他们仍有一段距离,正从他们的营地进一步靠近东南方向。

02 牛津勋爵指挥得当

探得理查三世实力的虚实之后,牛津勋爵决定让他的士兵迂回进攻,从右翼进攻理查三世的先锋部队。理查三世见状,立即命令诺福克伯爵发起反攻。

03 混战开始

诺福克伯爵的先锋部队凭借居高临下之势,从山上冲下。牛津勋爵的士兵一开始有些招架不住,不过伯爵很快让士兵们聚成一团,组成楔形阵,齐心协力共抗理查三世的弓箭手和骑士。亨利·都铎与自己的小型护卫队待在战阵的后方。

·72·

06 斯坦利家族承诺

斯坦利眼见理查三世孤军作战,失去大部队的保护,遂率军倒向亨利·都铎。理查三世孤立无援,坐骑深陷沼泽动弹不得,他无奈被砍落马,战死在沼泽地上。

05 理查三世冲锋陷阵

理查三世发现亨利·都铎的战旗就在他的军队后方并向斯坦利家族的军队移动,他觉得这是击杀亨利·都铎、迅速结束战斗的大好良机,于是率领皇家骑兵团直奔敌军军旗而去,杀死了亨利·都铎的旗手。不过,亨利·都铎的卫队马上拦在他们的主子和理查三世之间,死命保护亨利·都铎。

04 诺福克伯爵阵亡

诺福克伯爵的头盔被牛津勋爵从头顶击落,又一箭射来,正中脑门,当场命丧。闻知诺福克伯爵阵亡的消息,约克家族上下和理查三世都灰心丧气。

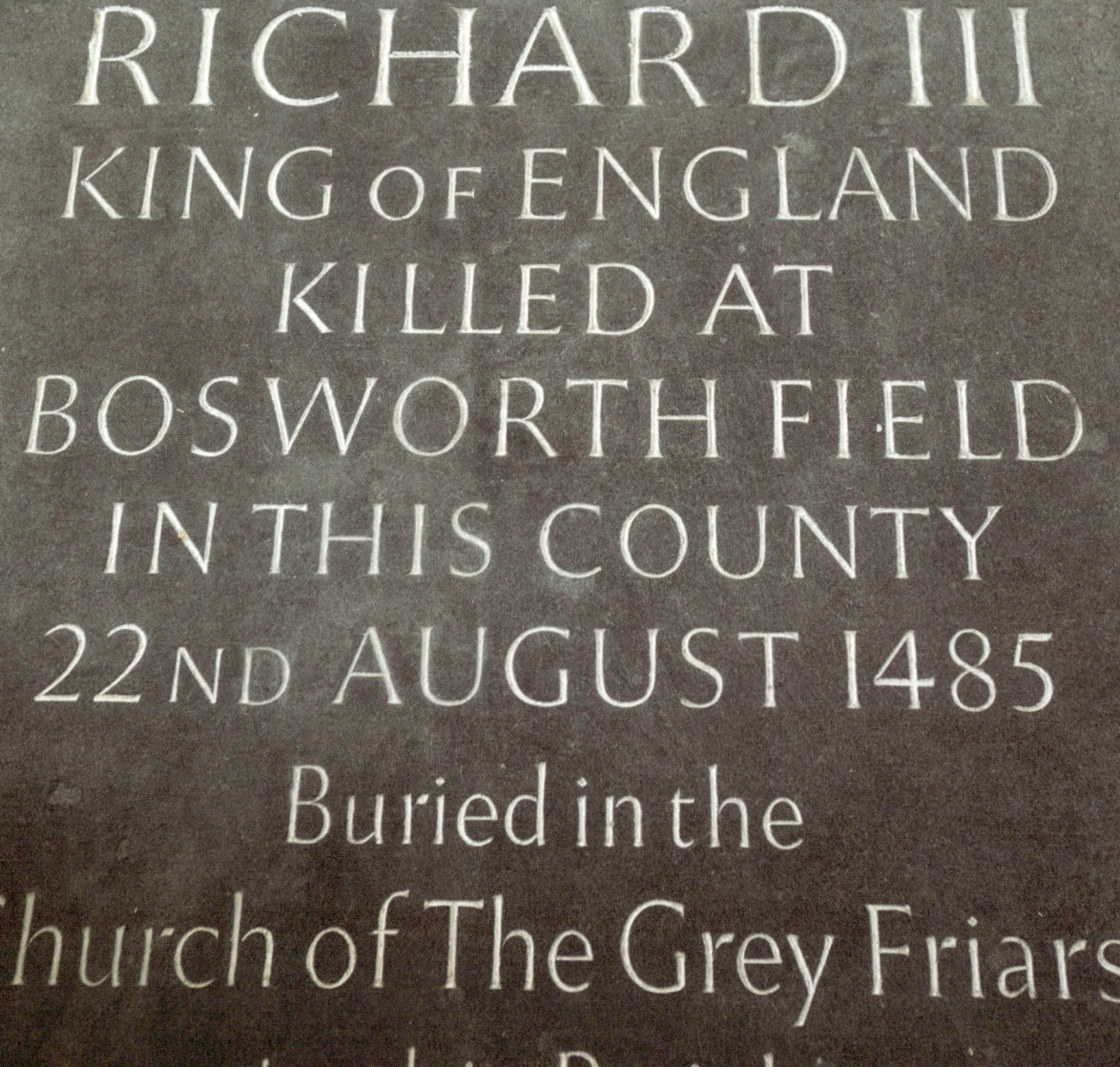

▼ 数百年来，理查三世的遗体去向都是个谜，只有莱斯特大教堂里有一个以他的名字创建的简陋纪念馆

金雀花王朝最后一位国王横死疆场

用现代技术对最近发现的理查三世遗骸进行扫描后发现，他全身上下至少有11处创伤，包括两记头部致命伤，都是被利器砍杀所致。

理查三世虽然深陷重围，但死战不休，他竭力抵挡来自四面八方的攻击，最终被砍倒，跌落在沼泽中，再也爬不起来。他头上佩戴的王冠很可能在遭受致命伤之前已经被人取走。而将王冠交给亨利·都铎的不是旁人，正是托马斯·斯坦利勋爵，他亲手将王冠戴在了亨利·都铎的头上。

战事结束后，理查三世的尸体被扒光衣服，扔在一匹马上，由亨利·都铎和他的士兵耀武扬威地带入莱斯特。途中，都铎的士兵对理查三世的尸首百般羞辱。亨利·都铎一行到达莱斯特之后，国王的尸体被示众——旁观者或是黯然神伤或是幸灾乐祸。英格兰国王理查三世战死的消息很快传遍整个欧洲。

金雀花王朝的末代国王理查三世下葬时，连棺木都没有，他栖身的墓穴也小得可怜，是方济会修道士匆忙挖成的，而且也没有留下明显的墓碑或墓志铭。在接下来的500年里，他的尸首都不知所终。直到2013年，才在莱斯特的一个停

▲ 理查三世的这处衣冠冢之所以名声在外，是因为相传国王理查三世曾在博斯沃思战役前在此喝醉酒。如今的石冢是1964年修复的

车场下面发现理查三世的遗骸。2015年，在莱斯特大教堂举行了神圣的天主教弥撒，为国王及所有在博斯沃思战役中的亡灵祈福之后，国王的遗骸被安葬于该教堂的一处墓穴当中。

亨利·都铎七世在位期间，为保住王位，曾多次再起战事以平息叛乱，甚至在博斯沃思战役中他最亲密的盟友后来也难逃他的讨伐。威廉·斯坦利可以说是新国王在博斯沃思战役中的救星，他也于1495年因叛国罪被处决，罪名是密谋支持他人篡夺王位。

在博斯沃思战役中，斯坦利堪称新国王亨利·都铎的救星。不过，他于1495年也因叛国罪被处决，罪名是密谋支持他人篡夺王位。

关原之战

日本关原，1600年10月21日

16世纪末，织田信长永远地改变了日本。这位武士出身的军阀率军纵横日本各地，割据四方的诸侯也相继归降。织田信长逐渐统一了日本三分之一的领土。不过，后来因其大将明智光秀背叛了他，织田信长被迫切腹自杀，统一全国的脚步也戛然而止。

但明智光秀掌握政权不久，织田信长手下的丰臣秀吉就发誓要为自己的主人复仇，在战场上将明智光秀的军队杀得落花流水——山崎之战才刚开始两个小时，明智光秀就落荒而逃，他在幕府将军的位子上只坐了13天。丰臣秀吉出身寒微，父亲是农民，他出生时甚至连姓名都没有。尽管如此，丰臣秀吉却对他的主人忠贞无二，继续致力于主人未竟的事业——统一日本。他逐步巩固权力，直到1598年去世，日趋强大的日本都在他的家族控制之下。

因丰臣秀吉出身低下，当时许多日本人都不愿意听命于他。另外，丰臣秀吉入侵朝鲜失败，也令民众质疑其权力的合法性，日本政府中也因此形成了巨大的权力真空。在此情况下，有一个人格外渴望得到这个职位，他就是德川家康。与丰臣秀吉不同的是，德川家康出身名门望族，生

▲ 尽管身有残疾，西武士大谷还是率领他的部队打了一场胜仗

> **湿、冷、累，火药受潮，石田三成及士兵不得不停留下来，驻扎在关原，等待东军随时来攻。**

来就是统治者。他的父亲是大名，母亲是贵族武士之女——他的血管中流淌着高贵的血液。自出生之日起，他就历经战争和死亡的洗礼，并坚信自己是上天选择统治整个日本的合适人选。德川家康曾发誓效忠于织田信长的继承人织田信雄，但织田信雄是丰臣秀吉的死敌，所以他决定再次与丰臣秀吉家族抗争。两年来，他精心策划，巧妙布局，成功说服日本的各大领主，合力对抗丰臣秀吉家族。德川家康终于等来了千载难逢的好时机：丰臣秀吉家族最年长、最受爱戴的摄政王去世了。德川家康以残酷的方式夺权，接管了大阪城，而大阪城正是丰臣秀吉之子、年轻的丰臣秀赖的封地。

石田三成是反抗德川家族入侵的中坚力量。这位强大的大名与丰臣家族颇有渊源，也是日本朝廷的最高行政官，性格古板，工于心计，不善于与他需要倚重的势力搞好关系。

石田三成很快意识到德川家康是丰臣秀吉统治日本的心腹大患，因此想设局暗杀德川家康，不过未能如愿。就在忤逆指控满天飞，各大家族相互谴责、相互开战之际，各方势力趁机壮大自己的队伍。德川家康也得以将他所有的支持者召集在一起，聚集成强大的力量。而石田三成也趁乱将所有忠于丰臣秀吉家族的力量集中在了一起。

狭路相逢

并非只有德川家族才有强大的盟友，石田三成也将一群强大的武士和朝廷官员招致麾下，包括大谷吉继和毛利辉元。他们组成西军，德川家族率领的是东军。毛利辉元以几乎废弃的大阪城为基地。得知西军的行动后，德川家康将东军兵分数路，派出几名大名与西军主力作战，而他挥师直指大阪。

当时，两军都向通往大阪的道路会合处岐阜城进发。石田三成本打算在拿下这座城堡之后，在此集结军队，继续进军京都。但敌军先到一步，石田三成将军不得不向南撤退，以躲避敌军猛烈的攻击。

湿、冷、累，火药受潮，石田三成及士兵不得不停留下来，驻扎在关原，等待东军随时来攻。阵地两侧各有一条河流。10月20日，德川家康终于探知敌军的部署，之前他的先头部队曾

偶然间与在浓雾中等待的敌军狭路相逢。两军都慌作一团,没有采取任何行动就撤退了。但大战在即,不可避免。

在许多人看来,德川家康的实力远逊于敌军。石田三成的西军约有12万人,比德川家康的东军足足多4万人。此外,石田三成占据所有战术优势:周围较高的山丘上都有他的手下把守,而且他的大军驻扎在两条河之间。不过,德川家康绝非等闲之辈,他设法弄到大量的火枪,这种火枪威力非常强大,用它对付用剑的敌人,可以轻易取胜。也许最重要的是,他足智多谋,曾信誓旦旦地许诺,凡是在战争中改换门庭、投奔东军的大名,均可获赏封地。重赏之下,西军将领军心大乱。

东军进攻

浓雾刚刚笼罩整片田野,由福岛正则率领的德川家族先锋部队就沿着富士河向北挺进。他们撞上了西军布防在中右部的防线。雨下个不停,地面泥泞不堪。本来有条不紊的攻防双方很快陷入混战,残酷异常,双方都没有占到便宜。

德川家康眼见福岛正则的进攻未获任何进展,遂命令他的右军和中军向敌人的左方发起冲锋,希望靠兵力优势压倒对手,以使福岛正则得以突破。石田三成见状,决定自己亲率中军。正是这一简单的决定,不仅使石田三成手下军心大乱,也让他的威望大减。执掌中军的岛津义弘断然拒绝驰援右翼,动也不动。石田三成只能眼睁睁地看着德川家康的手下斩杀自己的士兵。

福岛正则的进攻终于见效,不过他们很快又陷入更危险的境地。当东军沿着富士河前进时,大谷吉继正站在河对岸,他就是石田三成设法说服叛逃到他身边的几位强大武士之一。他们攻击了正在前进的东军,再次减缓了福岛正则的进攻。

西军防线失守

富士河对岸还有驻扎在松尾山上的小早川秀秋,他开始是为西军而战。但德川家康在战前曾向小早川秀秋示好,小早川秀秋也秘密承诺,他会在适当的时机叛离西军,助东军一臂之力。当大谷吉继的突击部队经过他的驻军时,正是他采取行动的绝佳时机,但他却犹豫了。石田三成向小早川秀秋狂发信号,催促他增援大谷吉继。就在这时,德川家康也意识到自己的身家性命取决于小早川秀秋是否进军,但小早川秀秋毫无动静。德川家康并非甘愿忍耐之辈,于是决定马上采取行动。他命令部下向小早川秀秋开火示警,威逼他做出选择。当松尾山上弹如雨下时,小早川秀秋终于率军冲下山来加入战斗。小早川秀秋的将士无视福岛正则,直接向西军主将大谷吉继攻去。虽然小早川秀秋是被迫发兵,但他背叛了

头盔
这种头盔被称为卡布托（kabuto），由多片锻造的金属板组成，用铆钉铆接在一起。图中的头盔呈新月形，因勇士伊达政宗曾佩戴而闻名。

面具
为了支撑沉重的头盔，武士经常会戴着面具。面具的种类多种多样，一般比较恐怖，这是为了取得至关重要的心理震慑作用。

斗篷
由一套用皮条连接在一起的钢板制成。这种防弹衣表面涂有一层漆，可防风挡雨。

东军	西军
领袖 德川家康	领袖 石田三成、毛利辉元
优势：约88890人	优势：约81890人
扭转战局的关键 火绳枪：一种早期火枪，许多武士认为用火枪取胜非好汉所为。	扭转战局的关键 掌握战略优势，占据关键位置。

他的西军盟友。

好在大谷吉继和石田三成早在战前就已经怀疑小早川秀秋有可能临阵投敌，因此早有准备。小早川秀秋麾下的1.5万人与大谷吉继的精兵战作一团，大谷吉继率众迎击，用火药猛击叛军。敌方的将领谋略过人，加上越来越多的敌军加入战团，大谷吉继的部队已经陷入了寡不敌众的境地。

眼见大谷吉继取胜无望，麾下四员大将纷纷率部归降东军。胜负立分——东军实力大增，西军左翼顿时抵抗不住。大谷吉继知道败局已定，别无选择之下，只能切腹自杀。

福岛正则穷追不舍

大谷吉继自杀后，其部队迅速撤离战场，西军的右翼军只能任由敌军宰割。福岛正则和小早川秀秋合并后组成一支强大的军队，以摧枯拉朽之势击溃了西军右翼，然后继续进攻西军的中军。麾下大将纷纷投敌，令石田三成斗志尽失。但他能打造这支军队，绝非等闲之辈。关键时刻，他下令部下撤退，逃向北部山坡，希望能够在附近最高的伊吹山上暂避一时。西军听从他的号令撤退，向山上四散奔逃。尽管西军有些人侥幸逃脱，但德川家康的部队穷追不舍，许多将士

> **当时德川家康年已六旬，位高权重，想方设法益寿延年。**

都逃跑不及，横死沙场。

德川家康的东军大获全胜。当天战争结束后，未及时参战的部队才抵达关原。德川家康之子德川秀忠率领3.8万余人姗姗来迟，令德川家康大发雷霆。如果这支生力军能够早来增援，德川家康就能够更快速利落地赢下这场战役。其实，石田三成的一些增援部队也未能及时赶到，他有一支1.5万人的援军，由于路上与敌人交战，未能按时增援。无论哪一方的援军早到一步，这场战役的输赢，乃至之后日本的局势，都可能会大不相同。

之后日本的走向

石田三成的逃亡之路没走多远。当地村民唯无所不能的德川家康马首是瞻，他们将石田三成擒获后献给了德川家康。石田三成与其他几位为首的西军大名一起在京都被斩首。德川家康为了震慑众人，以儆效尤，将石田三成的人头悬在架子上示众。

战后，德川家康将土地重新分配给了那些为他浴血奋战的帮手和如约的临阵投诚者。凡是与他作对的人，无不付出惨重的代价。丰臣秀吉的领地也落入德川家康家族，支持丰臣秀吉的势力江河日下。

关原之战三年之后，后阳成天皇任命德川家康为日本幕府将军。当时德川家康年已六旬，位高权重，想方设法益寿延年。后来，德川家康意识到自己时日无多，于是开始一门心思增强幕府将军的势力，并在大阪城的最后一场战斗中将丰臣秀吉家族剩余的成员连根铲除。

德川家康为后代子孙奠定了不朽家业，很长时间都无人能撼动，其家族统治日本长达250年之久。尽管奠定日本幕府江户时代靠的是血腥杀戮，但是江户时代仍被视为传统日本的最后时期，即19世纪日本全面开始西化之前的那段时间。毛利氏、岛津氏和长宗我部氏都非常敌视德川家族，深仇大恨，世代相传。这些家族最终共同崛起，不仅推翻了德川幕府的统治，而且结束了日本人持续数百年的生活方式。

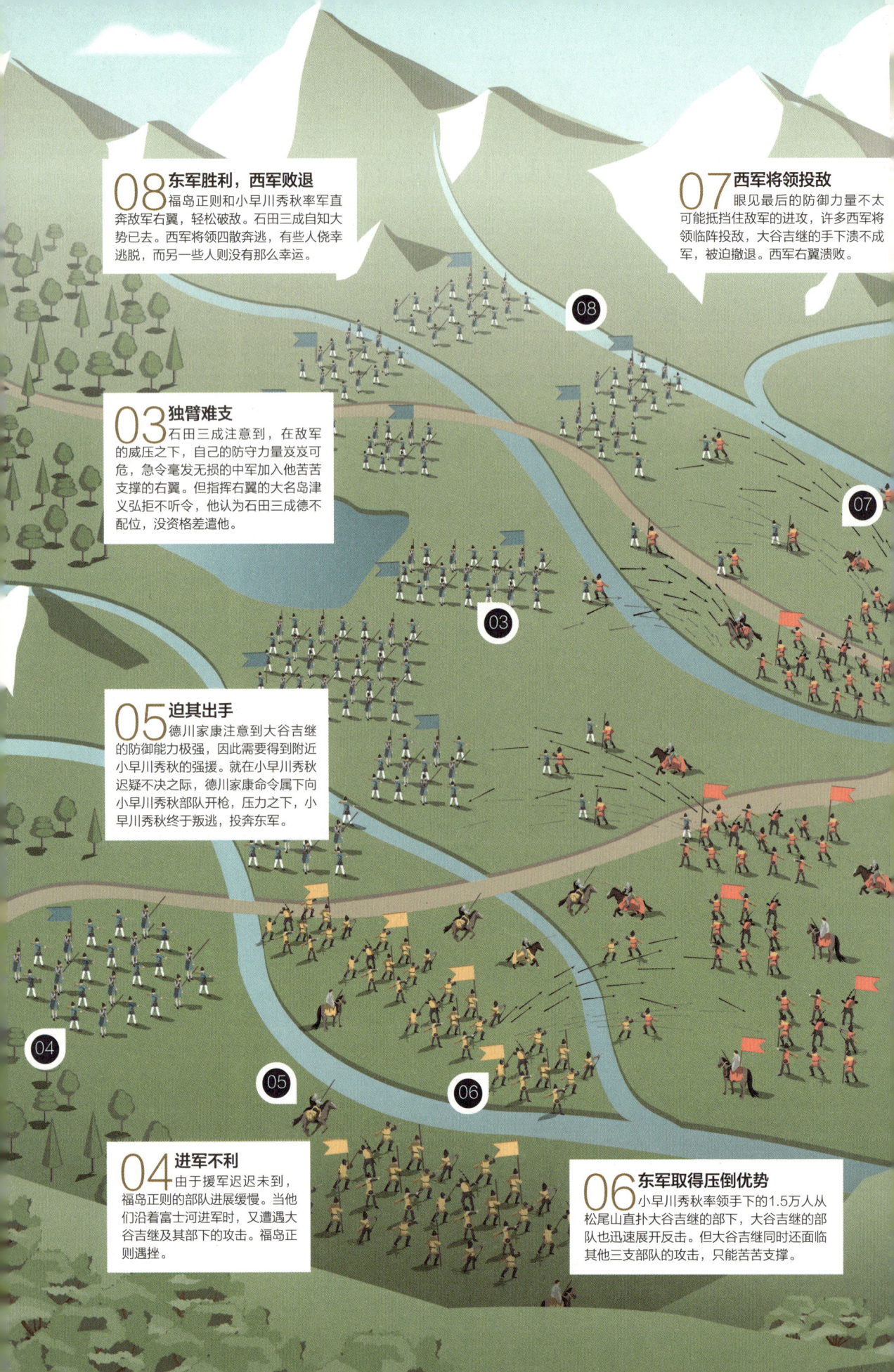

战争在继续
在纳西比战役之前,保皇军和议会军之间的战争已经持续了三年之久。双方都没有完全控制住战局,在此情况之下,双方需要做个了断。这就是纳西比战役。

阵型不同
交战双方阵型不同。保皇军在中军编入了三队火枪手,并在侧翼加入了骑兵队伍。议会军则列成两队,火枪手冲在最前面。

骑士队
保皇军的骑兵不如议会军军纪严明,经常会因为攻击目标而乱了阵型。与圆颅党人相比,他们通常穿着花哨,留长发,蓄长须。

龙虾锅
新模范军的士兵因其金属头盔而被称为"龙虾锅"或"铁锅"。他们一般会剪短发,穿便衣,戴胸甲。

费尔法克斯的战术
新模范军的进攻快速而又出其不意,令对手措手不及。其目标是敌军侧翼,以避免与保皇军强大的中军硬碰硬,迂回智取。

纳西比战役

北安普敦郡纳西比村
1645年6月14日,星期六

纳西比不过是英格兰中部地区一个小村庄,但1645年6月14日上午,英国内战的一场关键性战役就在此上演。英国各地的军事冲突已经持续了三年多,交战双方都没有占得明显的优势。当时,议会军比以往任何时候都更坚决地要推翻保皇派的统治。就在这一天,新模范军这支现代化的职业军队向世人展示了其所向披靡的战斗力。

圆颅党有权有势的领导人奥利弗·克伦威尔也亲临战场。不过不是他领军,率领大军的是足智多谋的指挥官托马斯·费尔法克斯。保皇军则由英王查理一世亲自统帅,并得到他忠实的臣民的支持。

刚过上午9点,交战双方就在北安普敦郡迷雾笼罩的旷野中拉开了阵势。从山脊上俯瞰村庄,可以看到新模范军的12个兵团率先进军,挺进纳西比。交战双方的军队相对而立,两侧是骑兵军团,中军是步兵。保皇军的阵营中有一名德国指挥官,是来自莱茵河的鲁珀特亲王。他发现敌军在战场西部边缘地带移动,遂率领骑兵发起快速冲锋,杀得敌军措手不及。可是,保皇军骑兵居然没有乘胜追击破绽大开的敌军步兵,而是改去攻击敌军位于纳西比中心地带的行李辎重。随后查理国王的步兵和剩余的骑兵部队也加入战团,他们对还在发蒙的议会军发起正面攻击,逼得议会军步步后退,但可惜的是,进攻势头难以为继,给了敌军喘息之机。议会军开始重新集结,虽然集结速度不快,但却井然有序。

费尔法克斯果断做出应对之策,命令由克伦威尔率领骑兵部队攻击敌军的侧翼。面对骑兵的快速攻击,马默杜克·兰代尔爵士的保皇派军节节败退。保皇军破绽大开,左翼、右翼和中军均被突破,败局已定。

不久之后,鲁珀特亲王所率部队就不再攻击敌军辎重,可此时已经来不及驰援保皇军了。三个小时之后,一切尘埃落定,保皇军阵亡1000多人。相比之下,冷酷无情的新模范军的阵亡人数只有200人左右。国王麾下的许多名将都丢了性命,火炮也来不及带走。这场战役失利,给英王查理一世带来了沉重的打击。随后,最后一支保皇派抵抗力量被消灭。克伦威尔成了英国无可争议的领袖,他的护国公时代就此开始。

保皇军

步兵人数：6000人

骑兵人数：5500人

查理一世
领袖

英王查理一世置议会治理国家的作用于不顾，一心想要独揽大权，导致局势紧张，并最终爆发内战。

优势：对他的统治权具有坚定的信念。

劣势：他执政期间的所作所为，致使民意支持率不断下降。

骑兵
关键作战部队

英王查理一世的精锐部队。

优势：久经艰苦卓绝的内战洗礼。

劣势：职位与出身挂钩，而非军功和作战能力。

火绳枪
关键武器

骑兵和步兵均可使用的一种步枪。

优势：威力大，射程远。

劣势：装弹速度慢，瞄准率低，必须不停地点燃火绳。

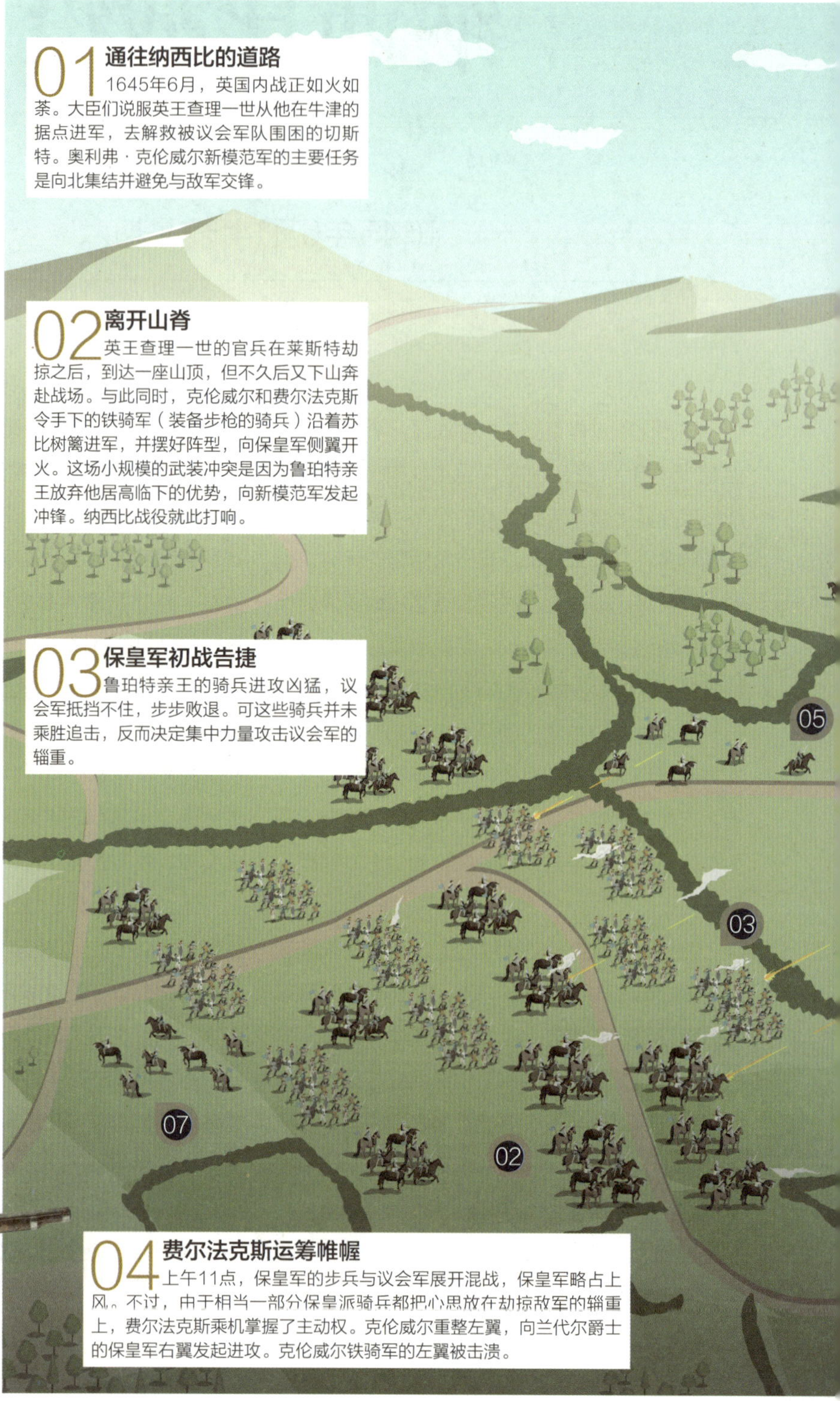

01 通往纳西比的道路

1645年6月，英国内战正如火如荼。大臣们说服英王查理一世从他在牛津的据点进军，去解救被议会军队围困的切斯特。奥利弗·克伦威尔新模范军的主要任务是向北集结并避免与敌军交锋。

02 离开山脊

英王查理一世的官兵在莱斯特劫掠之后，到达一座山顶，但不久后又下山奔赴战场。与此同时，克伦威尔和费尔法克斯令手下的铁骑军（装备步枪的骑兵）沿着苏比树篱进军，并摆好阵型，向保皇军侧翼开火。这场小规模的武装冲突是因为鲁珀特亲王放弃他居高临下的优势，向新模范军发起冲锋。纳西比战役就此打响。

03 保皇军初战告捷

鲁珀特亲王的骑兵进攻凶猛，议会军抵挡不住，步步败退。可这些骑兵并未乘胜追击，反而决定集中力量攻击议会军的辎重。

04 费尔法克斯运筹帷幄

上午11点，保皇军的步兵与议会军展开混战，保皇军略占上风。不过，由于相当一部分保皇派骑兵都把心思放在劫掠敌军的辎重上，费尔法克斯乘机掌握了主动权。克伦威尔重整左翼，向兰代尔爵士的保皇军右翼发起进攻。克伦威尔铁骑军的左翼被击溃。

05 战局逆转

鲁珀特亲王所率骑兵团在攻击敌军辎重时遭遇顽强抵抗，几乎没占到什么便宜。在此情况之下，新模范军开始逆转形势，战局开始向有利于新模范军的方向发展。兰代尔爵士的部队很快被歼灭，保皇军的软肋暴露在敌军的攻击之下。克伦威尔没有再犯鲁珀特先前的错误，而是牢牢地钳制住英王查理一世的步兵，连续猛攻。战况发生逆转，保皇军只能垂死挣扎。

08 后果

保皇军兵败纳西比战役，损失惨重，被敌军连追了12英里。克伦威尔和费尔法克斯缴获了保皇派丢弃的枪炮和给养。此次惨败，令英王查理一世及其支持者们一蹶不振。1646年，国王的军事武装力量在牛津彻底分崩离析。

07 国王逃离战场

英王查理一世眼见战场局势不妙，不再恋战，逃离战场。鲁珀特亲王的骑兵余部杀回，不过败局已定，无力回天。

06 议会军渐占上风

克伦威尔的骑兵部队来援，议会军的左翼实力大增，已现疲态的中军也军心大振。如今，保皇军的步兵受到三面夹击，犹如被钳子牢牢卡住。再加上无法调动他们的预备部队，保皇军无路可走。

新模范军

步兵人数：7000人
骑兵人数：8000人

托马斯·费尔法克斯
领袖
1645年，费尔法克斯被任命为新模范军的统帅。按《自抑法》的规定，他的官职在克伦威尔之上。
优势：曾长期效力于议会军的北方军队。
劣势：纳西比战役是他担任新模范军统帅之后指挥的第一次大战。

议会军的铁骑军
关键作战部队
铁骑军由约翰·奥基上校统帅，部队人数超过1000人，兵强马壮。
优势：装甲坚固，无论是手枪还是剑，都不能伤到铁骑军。
劣势：容易遭受骑兵的攻击。

马刀
关键武器
由于当时枪支的射击速度慢且准确率低，因此，在英国内战期间，冷兵器仍然发挥着重要的作用。
优势：无与伦比的近战利器。
劣势：难以防御远程攻击。

英国企盼人人恪尽职守
在双方开战之前，纳尔逊的旗舰"胜利号"向英国舰队打出那句非常有名的旗语——"英国企盼着人人都恪尽职守"。发送旗语时用的是类似"电报"的系统。通过该系统，每艘船都可将消息传给舰队的下一艘船，以此类推，旗语传遍了整个船队。

炮轰敌舰桅杆
在特拉法尔加海战的近战中，双方舰艇都几乎摧毁殆尽。要想削弱对方舰船的机动能力，最好的方法就是毁掉敌舰的桅杆，使敌舰丧失作战能力。

舷炮尽开
最具毁灭性的攻击是集中港口炮台或舷炮的所有火力，紧盯一艘敌舰猛轰不停，直到毁掉这艘船为止。如果用舷炮的时机拿捏得好，能给敌军战舰和水兵造成毁灭性打击，经常能起到扭转战局的奇效

海上大屠杀
在这场海战中，法国和西班牙联合舰队有多艘战船被击沉或缴获，而英国舰队无一艘战舰被俘。法舰"敬畏号"身陷重围，桅杆尽毁，所有水兵被迫投降

特拉法尔加海战

特拉法尔加沿海一带，
西班牙西南部，1805年10月21日

1805年，法国皇帝拿破仑·波拿巴即将入侵英国。集结在法国北部的大军，只要有一支舰队，把大军运过英吉利海峡，英国必将在劫难逃。在维尔纳夫海军上将的指挥下，法国舰队在大西洋上与纳尔逊统率的英国舰队玩起了猫捉老鼠的游戏，实力弱于对方时就逃，等实力增强后就跟对方打一仗。法西联合舰队由法国和西班牙两国的舰队组成，战舰数量不少，运力可观，将法国大军安全地运到英国绰绰有余。但前提条件是，只有法西联合舰队先安全抵达法国，才能运兵到英国。

英国皇家海军担负重任：必须找到法西联合舰队并成功拦截，不让敌舰有机会抵达法国海岸。英国在法国和西班牙两国安插了间谍，刺探出拿破仑的作战计划及法西联合舰队相关的大量情报。1805年9月，维尔纳夫统率的联合舰队被困在了加的斯港，纳尔逊率英国舰队在距海岸80千米处围堵。一队信号船监视法西联合舰队在加的斯港的动向，急切等待维尔纳夫出战。

纳尔逊是英国的英雄，也是海军将领的佼佼者，他已为英国皇家海军效力超过34年，为英国国王和英国出生入死，战功卓著。1797年，这位海军上将在攻打圣克鲁斯-德特内里费港一战中不慎失去手臂，右眼也受伤失明。

当英国舰队靠近西班牙的南部海岸时，舰队锚泊在距离海岸更远的地方，以免停靠在港口的法西联合舰队发现它的踪迹。英军的小型护卫舰被派往靠海岸更近的地方，以监视海岸情况，防止敌军沿半岛逃脱。纳尔逊不惜一切代价，也要阻止维尔纳夫率法西联合舰队向北逃到比斯开湾，再由此逃往法国，或者向东逃往直布罗陀海峡和地中海。

与此同时，法国皇帝拿破仑催促法西联合舰队尽早返回法国，维尔纳夫上将倍感压力。他在离开西班牙去法国的途中耽误了时间，不仅属下颇感不安，还惹得拿破仑大为不满，痛斥他胆小如鼠。更糟糕的是，维尔纳夫关于英国舰队的情报有误，导致纳尔逊已率领英国舰队抵达西班牙近海，维尔纳夫还被蒙在鼓里。

英国舰队

舰船：27艘

枪炮：2148支

霍雷肖·纳尔逊
领袖
这位海军上将英勇无敌，是那个时代最令人敬畏的海军将领之一。
优势：战术思想深邃之极，无人能及。
劣势：作战不按常理出牌，风险极大。

旗舰"胜利号"
主力战舰
纳尔逊手下威名远震的一流旗舰战舰。
优势：104门炮，3层甲板都有火炮。
劣势：船身巨大，操纵极为困难。

二十四磅炮
关键武器
这种重炮的杀伤力极大。
优势：能够轻松洞穿厚实的船体。
劣势：重达三吨，操作难度极大。

01 英国战舰迫近
早上6点半，炮台准备就绪，英国舰队的船员各就各位准备战斗。随着英军舰队迫近法西联合舰队，上午11点，纳尔逊向全军上下发出信号："英国企盼着人人都恪尽职守。"英国舰队的上风纵队和下风纵队借微风之势，分别攻击敌舰各部。它们在径直驶入法西联合舰队防线侧面的过程中，必须冒着敌军猛烈的炮火，根本没有还击的机会。

02 科林伍德的旗舰与"桑塔·安纳号"交战
英国舰队副总司令科林伍德的旗舰"王权号"遭到法舰"弗高克斯号"的舷炮攻击，船身着火，直到驶近"桑塔·安纳号"船尾处。"王权号"的一记舷炮正中西班牙战船侧翼，敌舰数百名水兵当场丧命。"王权号"发射出来的炮弹都有"一弹双重击的奇效"，因为每枚炮弹都装有霰弹和大球，在击中敌舰时会造成更大的破坏力。

03 下风纵队发起进攻
下风纵队的舰船跟在舰队之后，在科林伍德的旗舰承受巨大压力时呈扇形散开助阵。"王权号"在法西联合舰队中如入无人之地，猛烈炮击敌舰。

04 纳尔逊进攻
一开始，英军旗舰"胜利号"行驶在最前方，佯装打头阵。突然之间，它改变了路线，想从"敬畏号"和联合舰队旗舰"布桑托尔号"中间过。但由于海面上舰船太多，"胜利号"直接撞上了"敬畏号"。纳尔逊指挥"胜利号"与敌舰"敬畏号"、"布桑托尔号"和西班牙旗舰"圣特立尼达号"展开殊死近战。上风纵队循着"胜利号"的路线，也用舷炮猛攻敌舰。

05 "鲁莽号"迂回进攻
英军战舰"鲁莽号"绕过"敬畏号"进攻敌舰另一侧，很快遭到敌舰围攻。与此同时，上风纵队的其余舰船与法西联合舰队的一部分舰船交战，敌方舰队前部的舰船已经被击溃，开始四散奔逃。

·90·

10 纳尔逊阵亡

下午4点半,哈迪下甲板去探访纳尔逊,告诉他英军获胜的消息。纳尔逊临终前说道:"感谢上帝,我终于不辱使命。"法国战舰"阿喀琉斯号"在战斗中被炸毁,此战胜负已分。

09 法军反击失败

法西联合舰队前卫舰船重返战局时,誓言不粉碎英军的进攻决不罢休。只可惜为时已晚,英军上风纵队的数艘舰船排成一队,将其逼退。英国舰队的舷炮猛烈轰击法军海军舰船,这些舰船抵挡不住,只好改变航向撤离战场。

08 纳尔逊中枪

"敬畏号"上的枪手将"胜利号"的顶层甲板打得如筛子一般。下午1点15分,纳尔逊肩膀中枪,被送到下层甲板救治。

07 "胜利号"与"敬畏号"交战

"胜利号"船长托马斯·哈迪指挥军舰与吨位小于己舰的"敬畏号"作战,两舰并行。双方从各自的顶层夹板用火枪相互激烈射击,"胜利号"上的英国水手、海军陆战队和军官,都成了经验丰富的法国火枪手的活靶子。

06 维尔纳夫急令前卫战舰回援

维尔纳夫将军看到法西联合舰队前三分之一的舰船正在向北航行,远离战场,于是急命这些舰船速回增援。接到指令的舰船马上回援,可惜回程逆风航行,船速很慢。

联合舰队

舰船:	33艘
枪炮:	2630门

皮埃尔·查尔斯·维尔纳夫
统帅

这位法国海军主帅行事谨慎,气得拿破仑怒斥他胆小如鼠。

优势: 可供他调遣的舰队数量胜过英军。

劣势: 优柔寡断,指挥结构不协调。

"至圣三位一体号"
主力战舰

这是这场战役中最大的战舰,这艘笨重的一流战舰四层夹板都有炮台。

优势: 140门炮,火力强大。

劣势: 在风力不足的情况下,航行速度慢且反应迟钝。

链弹
关键武器

这是一种破坏性极强的武器,非常适合击毁舰船的桅杆和索具。

优势: 可以通过击毁敌船的桅杆削弱敌舰的实力。

劣势: 仅在近距离射击时有效。

▲ 奥斯特里茨战役是一场重大战役,标志着第三次反法联盟的结束和神圣罗马帝国的灭亡

奥斯特里茨战役

摩拉维亚的奥斯特里茨，1805年12月2日

　　自19世纪初以来，西欧一直战事不断。西欧老牌帝国一直在与复兴的法兰西第一帝国较量。到1803年，第三次反法同盟成立，旨在对抗拿破仑·波拿巴皇帝。最初，法国人想入侵英国，但是法军在特拉法尔加海战中失利，随后签订了《亚眠条约》，这意味着拿破仑想东进。在拿破仑与西班牙结盟之后，阻碍他东进大计的是奥地利帝国和衰败的神圣罗马帝国这两大帝国。此外，还有强大的俄罗斯帝国。这场战争的一方由弗朗西斯二世和沙皇亚历山大领军，另一方是拿破仑皇帝御驾亲征。这意味着这场战争掌握在这三位皇帝的手中。

　　拿破仑智谋过人，他的紫金军团忠诚果敢，唯他马首是瞻。1805年9月战事刚起时，他的老辣就尽展无遗，法国部队在乌尔姆和慕尼黑连破奥地利军队。当时法国紫金军团纵横莱茵河，横扫欧洲大陆，势不可当，随后又快速攻下维也纳。维也纳当时是奥地利帝国的国都和中心，

▲ 法国军队军纪严整,誓死为拿破仑皇帝和法兰西第一帝国的荣耀而战

法国紫金军团纵横莱茵河，横扫欧洲大陆，俨然势不可当。

▲ 拿破仑的炮兵部队喜欢轻型大炮和榴弹炮,它们是格利包佛尔系火炮或第十一炮兵系统的一部分

如此快速的失守,令西欧老牌诸国震惊。各国必须拿出退敌之策。于是,摩拉维亚王国(现为捷克共和国)的奥斯特里茨镇附近战事又起。是拿破仑的大军所向无敌,还是欧洲老牌军队更胜一筹呢?

作战计划

战场就在普拉茨高地上。这是一个多雾的早晨,三支军队的庞大军团严阵以待,等待上峰下达作战命令。凛冽的寒风中,俄罗斯帝国军队矗立不动,他们坚信凭借自己的超强火炮,将击溃法国军团。奥地利骑兵部队是当时举世公认的最精锐的一支骑兵部队。俄奥联军总数约为8.5万人。

俄奥联军将士对抗击来犯的法军信心满满,并有奥地利参谋长魏洛特尔将军制订的一份作战计划来总揽全局。该作战计划旨在集中进攻法军右翼,以逼迫他们向南,并借此机会夺回维也纳。领军的指挥官是俄国将领冯·布克斯赫夫登,后来与他唱反调的巴格拉基昂将军也加入他的队伍。中军留作备用力量,以使侧翼稳定。俄奥联军的总指挥是陆军元帅米哈伊尔·库图佐夫,不过他很快被架空,掌握实际指挥权的是亚历山大一世。沙皇亚历山大一世渴望发动全面的进攻,从而一举击溃紫金军团。

奥地利军队和库图佐夫元帅都很有耐心,静待拿破仑的法军先发起进攻,可是沙皇亚历山大一世太过鲁莽,甚至对这种战略不屑一顾。沙皇陛下刚愎自用,根本听不进总司令以及其他将领的计策,奥地利帝国几个月前在乌尔姆战败,从那时起他对奥地利人就丧失了信任。

拿破仑甚至亲自领军冲锋陷阵——这与奥地利和俄国皇帝的老派作法截然不同。

而拿破仑自有他自己的如意算盘。在未能阻止两支敌军合兵一处之后，奥斯特里茨当时成为法国陆军驻扎的大本营。俄奥联军误以为拿破仑军队右翼实力不济，拿破仑所幸将计就计，故意示弱，引俄奥联军入瓮。如果罗格朗将军的第五军团能够牵制住俄奥联军，俄奥联军的中军就给了法军可乘之机。拿破仑是白手起家的军事奇才，他甚至亲自领军冲锋陷阵——这与奥地利和俄国皇帝的老派作法截然不同。法军在奥斯特里茨有7.3万人，他们的第八军团驻扎在维也纳，第二军团正在守望阿尔卑斯山，第六军团驻扎在卡林西亚。拿破仑老谋深算，派他的副官安尼·让·马里·雷尼·萨瓦里与俄奥联军进行停战谈判，让俄奥联军误以为法军胆怯。同时，他们厉兵秣马，准备应战。

拿破仑的军队是训练有素的精锐之师，他本人在当时士气高昂的法国军队当中如日中天，而这场战争就发生在拿破仑皇帝加冕纪念日。其实紫金军团在中欧战场刚经历过一场苦战，本已人困马乏，但正赶上皇上的好日子，全军上下又士气大增。

当然，第三次反法同盟的军队深知法军眼下乃是疲惫之师，不过他们自己的问题也不少。俄奥联军中，俄军和奥地利军队分别占七成和三成。因此，军令都必须翻译成两种语言，要想执行复杂的战略军事行动，非常困难。不过，他们寄希望于奥地利-埃斯特大公斐迪南·卡尔·约瑟夫会在西北增援，还有来自意大利的查尔斯和约翰大公会在南部增援。此外，已有4000名奥地利援军赶到增援，还有1.2万名俄国援军正在赶往战场的途中，数日即可抵达战场。如果这场战役再晚几天开战，俄奥联军将会军力大增。不过，亚历山大一世可没有心思想这些，他只想一举击败拿破仑的大军。

火炮：139门

兵力：7.3万人

伤亡人数：约7500人

火炮：278门

兵力：8.5万人

伤亡人数：约1500人

领导者
拿破仑一世、克劳德·勒格朗、路易·亚历山大·贝尔蒂埃

领袖
亚历山大一世、弗朗西斯二世、米哈伊尔·库图佐夫元帅

扭转战局的关键
紫金军团久经沙场，训练有素，誓死为拿破仑皇帝加冕一周年血战。

扭转战局的关键
俄军炮兵的实力远超法军所能集结的所有力量。

参战军团
皇家军队、第一军团、第三军团、第四军团、第五军团、重骑兵和龙骑兵预备队。

参战军团
皇家卫队、两支先头部队、第一纵队、第二纵队、第三纵队、第四纵队（都是俄国人）、奥地利第三步兵旅、第五纵队（奥地利军队）。

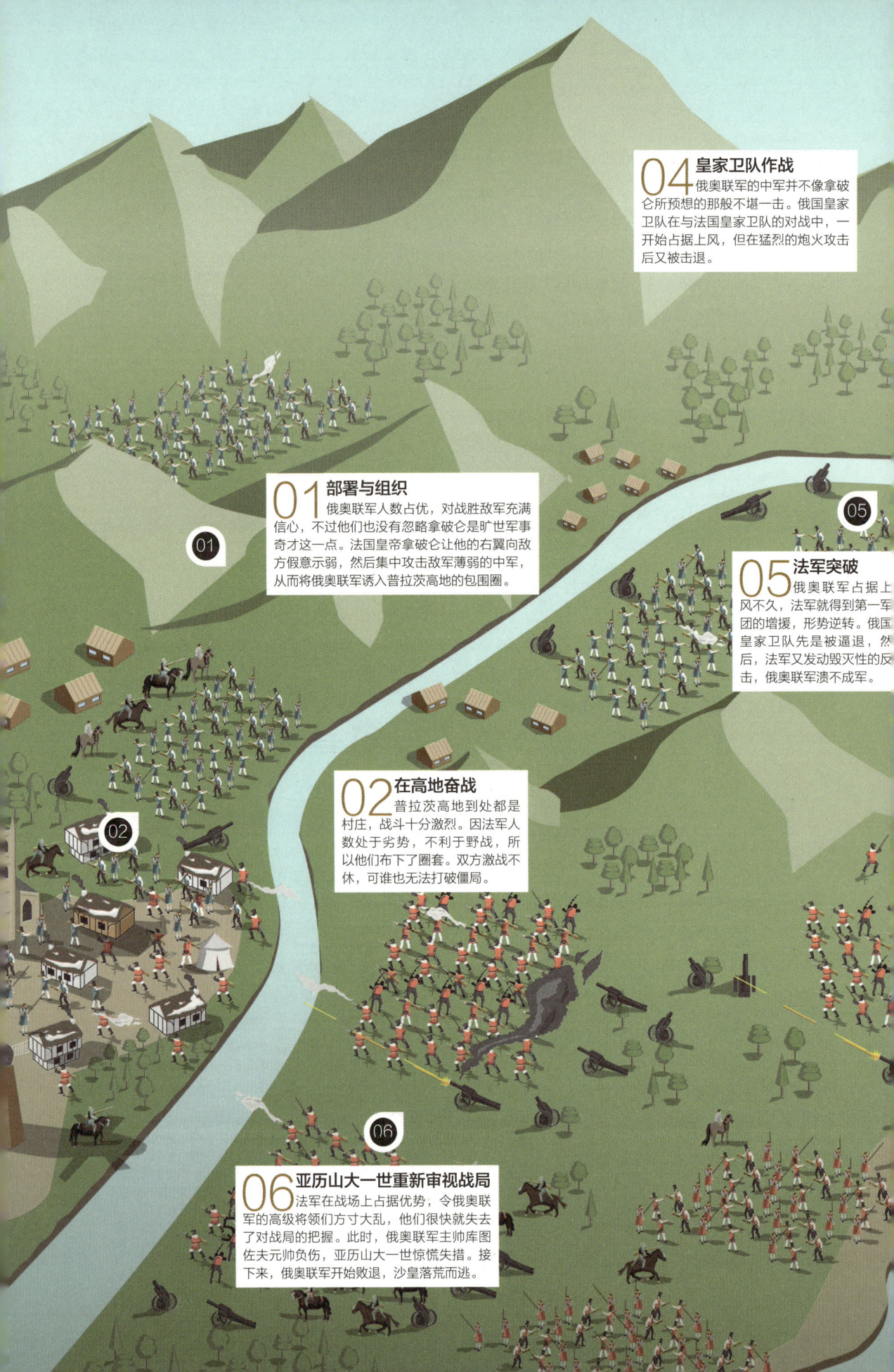

03 骑兵攻击左翼

在法军的左翼,双方的骑兵加入战团,法国的阿拉伯奴隶兵和掷弹兵迎击俄国和奥地利的轻骑兵。战场的北部,法国拉内斯将军发动了对巴格拉季昂将军的进攻,试图将他与主战场隔离开来。

07 撤退到冰上

俄奥联军全面撤退,迅速撤离战场,以避免在战场上遭受更多的伤亡。在激烈的战斗中,许多士兵在试图从冰面上逃离时坠入彻骨的冰水中溺亡,其他人则被围捕俘虏。

俄国皇家卫队重新集结,炮兵得以报仇雪恨,猛烈轰炸法国军队的防御阵地。

▲ 俄奥联军唯一的重大收获是俄军攻破了法军的第四道防线

开战

夜间,天气一直雾蒙蒙的,使得法国的军事部署无法进行。就在12月2日凌晨7点之前,俄奥联军探知法军从普拉茨高地仓皇撤退的军情。按照最初的军事策略,4万名俄军向南进军,直扑刚从高处撤下来的拿破仑军队右翼。

山脊之上,10500名法军严阵以待,在特尔尼兹村附近的戈德巴赫河一带开战。这条河是双方敌对力量的分界线。战争开始时,俄奥联军略占上风,随后,法国第三军团赶到增援,战局开始倒向拿破仑的法国军队。

因为俄奥联军的中军并未完全参战,所以拿破仑的最初作战方案未果。但拿破仑不愧是战略天才,他自有妙法,能让形势朝有利于己方的方向发展。在达福将军的率领下,拿破仑召集了4300名士兵,从维也纳进军110千米以增援法军。这次法军的援军赶到,堪称历史上最侥幸的一次增援。这支军队长途奔袭,急行军在48小时内赶到战场。眼看法军右翼在俄奥联军的强攻之下快要支撑不住了,援军及时赶到。在索科利尼茨古老堡垒的阴影下,高地的控制权频繁易手。但最终达福将军率部结束了僵持之势,将战局扭转过来,击溃了盟军。

随着高地之战的结束,冲突转向战场的左侧和中央地带。3000名掷弹兵突破了法军的第一道防线,幸亏法军及时开炮,才抵挡住敌军的攻势。俄国皇家卫队重新集结,调动他们的炮兵回击结成防御阵型的法军。然后,联军骑兵攻击了实力大减的战斗方阵,这是他们在奥斯特里茨战役中唯一的战功:攻破法军的第四道防线。

拿破仑眼见争夺中心地带的战局对己方不利,便派出皇家卫队加入战阵,结果收获奇效。俄国皇家卫队兵力分散,并且未能保持好阵型,最终被一一歼灭。俄奥联军各自为战,群龙无

▲ 奥斯特里茨战役后,拿破仑与弗朗西斯二世会面

首,几乎败局已定。大获全胜的紫金军团继续追杀敌方的残兵败将。法军俘虏了对方1.2万名士兵,缴获了180门炮。俄军兵败回国,奥地利军队则向法军投降。法军经过这一番苦战取胜,终于可以休息整顿了。

战争后果

虽然此役法军获胜,但实际上并未如拿破仑预期的那般完胜。不过,无论是战局谋划,还是战绩战果,拿破仑都远胜奥地利及俄国军事统帅。胜利冲昏了拿破仑的头脑,一统欧洲之心更加炙热。12月2日晚,列支敦士登王子约翰·约瑟夫骑马来到法国营地协商和平事宜。法国紫金军团高层接受了他们的条件,拿破仑与弗朗西斯二世在两天后进行会谈。经过深入的谈判,结果达成了《普莱斯堡和约》。这对领土沦陷、军队溃败的奥地利来说,是必不可少的。当然,法兰西第一帝国从此和约中捞到了巨大的好处。的里雅斯特和达尔马提亚,还有莱茵河以东与巴伐利

▲ 在俄军从萨特森湖冰冻的湖面上撤退之际，拿破仑的炮兵猛烈轰击，冰面碎裂，许多人落水而死

亚和普鲁士接壤的广袤领土，均已落入法国手中。拿破仑安抚了普鲁士，因此他们并未与法国开启战端。

奥地利帝国的境遇比其他国家要糟得多，要向法国献上4000万法郎的战争赔偿。最重要的是，神圣罗马帝国在成立约1000年后瓦解。

俄军中，贵族们仍然把持高位，维持军纪纯靠暴力，责罚殴打士兵是家常便饭。这意味着，与法国紫金军团相比，俄军军官们往往训练欠佳。甚至有传闻称，俄将弗里德里希·威廉·布克豪登（Friedrich Wilhelm Buxhowden）临阵醉酒。随着第三次反法同盟的分崩离析，老牌帝国的势力已四分五裂。

除了拿破仑，奥斯特里茨战后的景象对于所有人来说都是一片惨淡。第三次反法同盟分崩离析，俄国已经出局。在雄才大略、自信满满的法国皇帝拿破仑的眼里，就只剩下英国这条拦路虎。然而，和平并未持续多久，1806年普鲁士人对法国人的疑心越来越重，欧洲烽烟再起。

博罗季诺战役

俄国，1812年9月7日

德意志骑兵
1812年，在拿破仑军中服役的德意志各邦国士兵至少61000人，他们大多来自与拿破仑皇帝结盟的附属国，战斗力极强。多面堡的最终胜利要归功于两个撒克逊军团：近卫骑兵团和扎斯特罗重甲骑兵团。

近战
多面堡中的战场拥挤不堪，步兵几乎没有施展的空间。进攻方的一些士兵从垛口或侧面拼命攀爬，另一些则包围了此地，试图从后面进攻。

伤亡惨重
战场尸首堆积如山。一名参战的撒克逊士兵这样写道："在多面堡内，无论是骑兵还是步兵，都杀红了眼，相互残杀，场面混乱。"

俄国枪手
多面堡由第26旅的俄国炮兵守卫，他们坚守阵地，用刺刀抗击德意志骑兵。

1812年在俄国上演的这场战役，堪称历史上最大的一场军事灾难。1812年6月，法国皇帝拿破仑一世从法国本土及其欧洲盟国和附庸国征集了一支将近70万人的大军，入侵俄国，于同年12月兵败俄国，随他逃回来的士兵只剩12万。俄国冬季天寒地冻，很多法国士兵被活活冻死。在寒冬来临之前，法军和俄军都参与了博罗季诺战役，此役堪称拿破仑历次重大战役中最血腥的一场。这场战役惨烈至极，交战双方都元气大伤，为拿破仑军队日后的命运埋下了祸根。

这场战役是在莫斯科以西110千米的莫斯科河附近进行的。拿破仑一直在向东进兵，目标就是莫斯科这座古都。俄军故意避开法军锋芒，尽量不与法军硬碰硬，沿途实施坚壁清野的焦土战略，耗费法军的军需给养。不过，眼见法军即将兵临莫斯科城下，迫于政治压力，俄军指挥官米哈伊尔·库图佐夫元帅不得不率军抗击。俄军在博罗季诺停了下来，匆匆建造了一个叫作"多面堡"的工事，炮兵可以据此有效轰击法军。当拿破仑到达时，他手下已有成千上万的将士阵亡。拿破仑皇帝的兵力是13万名士兵和500多门炮，而俄军有12万名士兵和600门炮。

其实，此时开战并非拿破仑最好的时机，他担心如果从侧翼包抄俄军，俄军可能会不战而逃，于是决定从正面攻击俄军。1812年9月7日，从早上6点到夜幕降临，沿着5千米长的阵地，双方激战了一整天，法军攻击"炮台"达8次之多。虽然法军奉行连续进攻的策略，但仍不足以攻克俄军的顽强抵抗。拿破仑本人威震整个欧洲的军事天才在此役中也没有展现出来，他在关乎成败的关键时刻拒绝派后备部队的3万名士兵增援，其中包括2万名威名远扬的老近卫军。如果拿破仑派这支预备役部队加入战斗，法军可能取得决定性的胜利，因为俄军没有后备部队作为后援。

夜幕降临时，库图佐夫元帅撤回了他的部队。从技术层面上来看，拿破仑一方看似胜利者，不过交战双方都付出了惨重的代价：法军和俄军的伤亡人数分别为3万人和4.5万人，俄军副帅巴格拉季昂亲王也牺牲了。在1916年的索姆河战役之前，博罗季诺战役的单日伤亡数量是前所未有的。一位现代历史学家将这场血腥杀戮比作"每隔5分钟，就有一架满载乘客的波音747坠毁，无人幸存。这样的情况持续8个小时之久"。

拿破仑在博罗季诺战役中侥幸惨胜，但事实证明，这也为他日后覆灭埋下了祸根。拿破仑虽然拿下了莫斯科城，可没料到当地居民居然纵火烧城。与此同时，俄军在库图佐夫元帅的指挥下撑过最艰苦的时期，重新集结。一个月后，拿破仑决定从俄国撤军，在随后的撤退过程中，重振军威的俄军及寒冬不断侵扰着紫金军团。拿破仑回到法国后羞愧难当，1814年被迫退位，流放国外。

紫金军团

部队人数：
12.6万人—13.4万人
大炮数量： 587门

皇帝拿破仑一世
领袖

作为"欧洲之主"，拿破仑曾亲率大军入侵俄国，令沙皇胆寒。

优势： 他的部队训练有素，士气高昂。

劣势： 拿破仑在入侵俄国的过程中生病了，法军减员严重。

紫金军团士兵
作战部队

拿破仑入侵俄国的庞大军队以法国军人为主，不过也有不少士兵来自欧洲其他国家，这是一支不容小觑的力量。

优势： 纪律严明，训练有素，忠于拿破仑皇帝。

劣势： 远离家乡，由于战事惨烈，军队减员严重。

毛瑟枪
M1777式燧发枪
关键武器

这种步枪当时是欧洲大陆上最广泛使用的武器之一，生产了超过700万把。

优势： 射击精度高于英国的布朗·贝斯燧发枪。

劣势： 射速慢，经常卡住。

02 法军进攻

拿破仑继子欧仁亲王统领的部队在占领博罗季诺村时有半数阵亡，并把俄军步兵逼退回科洛查河对岸。与此同时，达福元帅又出动两个军团抗击南部多面堡，而波尼亚托夫斯基元帅则将库图佐夫元帅的军队逼退，占领了乌蒂萨村。

03 俄军反击

沃龙佐夫亲王率领俄军发动反击，将法军驱逐出南部的多面堡，法军以牙还牙，以猛烈攻势击退了敌军，重夺失地。上午8点，沃龙佐夫亲王受到重创，手下4000名士兵阵亡了3700名。

01 炮击开始

凌晨6点，法军炮兵开火，俄军炮兵反击，将近1000门大炮发射了各式炮弹和霰弹弹丸。战场空间相对紧凑，法军炮火猛烈，重创了俄军的工事，搅起巨大的灰云。多面堡的18门炮齐开，射速极快，宛如火山喷发。战场很快成为人间炼狱。

04 对多面堡发起血腥攻击

俄军的工事遭到法军轮番攻击。交战双方都屡次增兵，这些工事在交战双方数次易手。为守卫这些工事，库图佐夫元帅派出3万名士兵，配备300杆枪。与此同时，为进攻这些工事，法军派遣4万名士兵，配备200杆枪。阵亡者数以千计，参战的一名士兵多年后仍对战况历历在目："战场的杀戮太血腥了，我一辈子都忘不了。"

05 巴格拉季昂亲王身受重伤

在集结兵力力图重夺被法军攻占的三个多面堡时，俄军左翼司令官巴格拉季昂亲王被炮弹碎片击中左腿。他身受重伤的消息传开，俄军士气大减，法军趁机攻占了塞梅诺夫斯科耶村，但仍面临俄军的顽强抵抗。

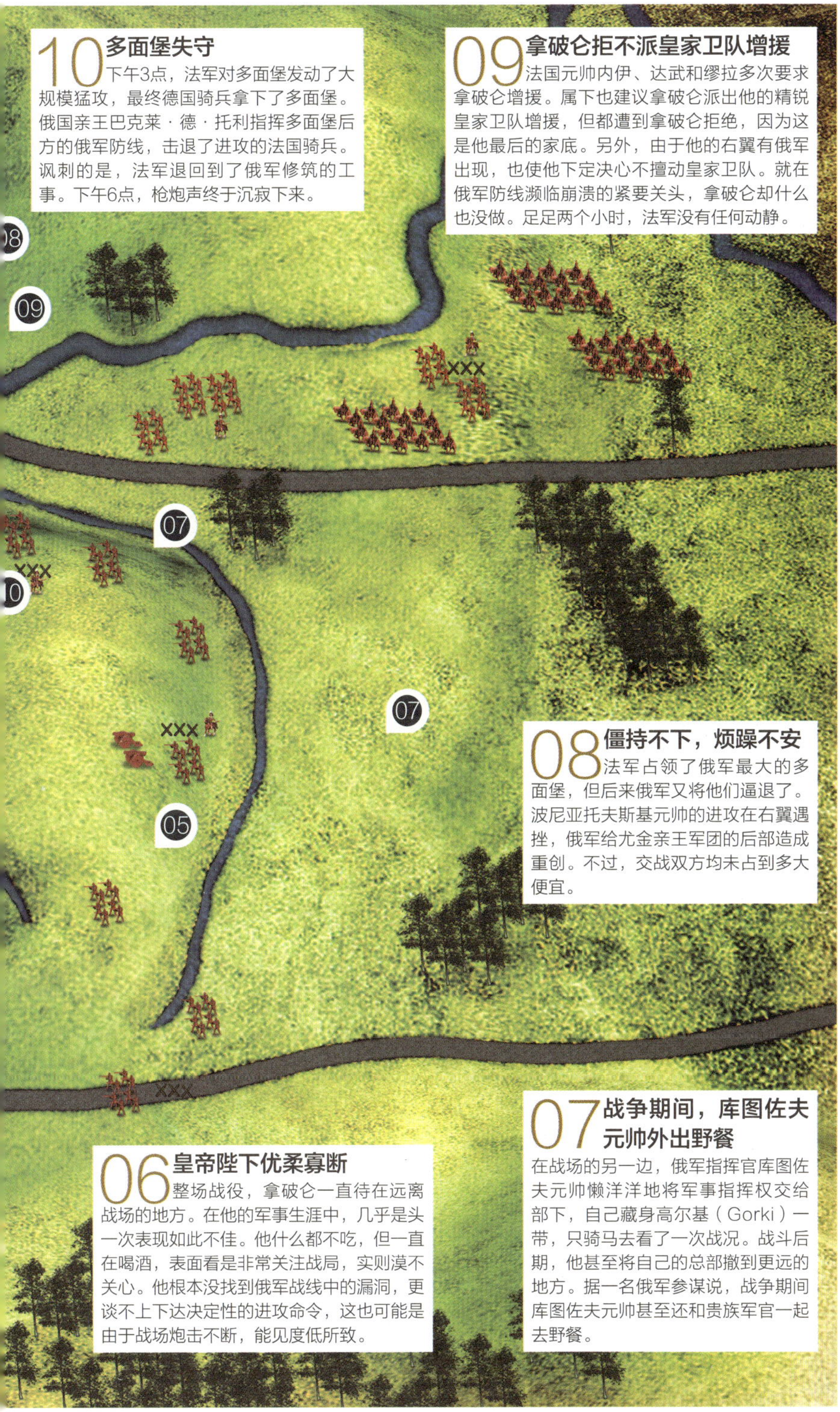

10 多面堡失守

下午3点，法军对多面堡发动了大规模猛攻，最终德国骑兵拿下了多面堡。俄国亲王巴克莱·德·托利指挥多面堡后方的俄军防线，击退了进攻的法国骑兵。讽刺的是，法军退回到了俄军修筑的工事。下午6点，枪炮声终于沉寂下来。

09 拿破仑拒不派皇家卫队增援

法国元帅内伊、达武和缪拉多次要求拿破仑增援。属下也建议拿破仑派出他的精锐皇家卫队增援，但都遭到拿破仑拒绝，因为这是最后的家底。另外，由于他的右翼有俄军出现，也使他下定决心不擅动皇家卫队。就在俄军防线濒临崩溃的紧要关头，拿破仑却什么也没做。足足两个小时，法军没有任何动静。

08 僵持不下，烦躁不安

法军占领了俄军最大的多面堡，但后来俄军又将他们逼退了。波尼亚托夫斯基元帅的进攻在右翼遇挫，俄军给尤金亲王军团的后部造成重创。不过，交战双方均未占到多大便宜。

07 战争期间，库图佐夫元帅外出野餐

在战场的另一边，俄军指挥官库图佐夫元帅懒洋洋地将军事指挥权交给部下，自己藏身高尔基（Gorki）一带，只骑马去看了一次战况。战斗后期，他甚至将自己的总部撤到更远的地方。据一名俄军参谋说，战争期间库图佐夫元帅甚至还和贵族军官一起去野餐。

06 皇帝陛下优柔寡断

整场战役，拿破仑一直待在远离战场的地方。在他的军事生涯中，几乎是头一次表现如此不佳。他什么都不吃，但一直在喝酒，表面看是非常关注战局，实则漠不关心。他根本没找到俄军战线中的漏洞，更谈不上下达决定性的进攻命令，这也可能是由于战场炮击不断，能见度低所致。

俄罗斯帝国军队

部队人数：15.4万人—15.8万人
大炮数量：624门

米哈伊尔·库图佐夫元帅
统帅
库图佐夫元帅参加博罗季诺战役时，已经快67岁了。自1759年入伍以来，他一直效力于俄罗斯帝国军队。
优势：库图佐夫元帅勇武过人，久经沙场，深受属下爱戴。
劣势：年纪不饶人，他已经过了鼎盛时期，在博罗季诺争夺战中锐气不足，战局指挥不够迅速。

俄军炮兵
作战部队
在俄军炮兵的猛烈轰击之下，法军未能取得决定性胜利。
优势：身强体壮、具有奉献精神，是令人敬畏的对手。
劣势：炮兵伤亡惨重，必须步兵来接班。

大炮
关键武器
加农炮的木质部分被漆成绿色，火炮出众的外观令炮兵引以为傲。
优势：威力强大且机动性强。
劣势：每次发炮前都必须取下瞄准镜，导致射速大减。

滑铁卢战役

比利时滑铁卢，1815年6月18日

滑铁卢战役是19世纪最惨烈的一场战役。联军由英国领导，在惠灵顿公爵阿瑟·韦尔斯利的指挥下击败了拿破仑·波拿巴亲自统率的法军，拿破仑的"百日王朝"宣告结束。

1815年3月20日，拿破仑一世由流放地厄尔巴岛（托斯卡纳外的一个岛屿）返回巴黎，战事再起。此后，发生了一系列事件，拿破仑再次称帝，维也纳会议宣称他是逃犯，第七次反法同盟立下誓言，将派出大军把拿破仑赶下帝位。

成千上万的士兵要将拿破仑赶下皇位，血溅战场只是时间问题。就在6月16日，即滑铁卢战役的两天前，拿破仑趁普鲁士军队未能与惠灵顿公爵的部队合兵一处时，攻击了普鲁士军队。

拿破仑将麾下军队分为三军，其中两军专门对付普鲁士军队。在随后的里尼之战中，拿破仑令法军反复攻击普鲁士军队的中军，最终击溃了普鲁士军队。虽然普鲁士军队损失惨重，但他们并未溃不成军，法军居然也没有穷追不舍。

在里尼之战的同一天，拿破仑军队剩余的左翼军力在夸特布拉斯（四臂村）与惠灵顿公爵的部队交战，但他们未能占领奥兰治亲王的阵地。在普鲁士军队败局已定之后，拿破仑把作战重点放在夸特布拉斯，次日就率军抵达该地区。

不过，从这一点来看，交战双方没有真正拿下夸特布拉斯。若无普鲁士军队，单凭惠灵顿公爵的军队根本无法控制住这片区域。拿破仑命令手下的左翼指挥官米歇尔·内伊去追击向滑铁卢撤退的惠灵顿公爵，又命令他的右翼指挥官埃曼努尔·格鲁希元帅不惜一切代价击败普鲁士军队。

就在拿破仑于6月17日下午下达命令的时候，普鲁士人已经在瓦夫尔镇重整旗鼓。从此地他们可以轻松地在滑铁卢与惠灵顿公爵的大军合并一路。尽管格鲁希元帅最终于6月18日在瓦夫尔镇击败了普鲁士的一支孤军，但当时滑铁卢战役已经如火如荼，格鲁希元帅助阵不及。

拿破仑向格鲁希元帅下达命令后，继续调遣剩余部队追击惠灵顿公爵，然后在惠灵顿公爵阵地的西南方安营扎寨。第二天（6月18日）的滑铁卢战役已经大战在即，此战将成就惠灵顿公爵的不世战功，拿破仑皇帝失败后彻底退出了历史舞台。

拿破仑在滑铁卢战役中落败，结果法国君主制复辟，路易十八国王于1815年7月8日复位，拿破仑皇帝本人被流放到大西洋上的圣赫勒拿火山岛。拿破仑在圣赫勒拿火山岛上待了六年，直到1821年5月去世。

苏格兰皇家灰骑兵团
在滑铁卢战役中,联军面对强大的拿破仑军队凛然不惧,苏格兰皇家灰骑兵团奋勇冲杀,就是最好的明证。他们在战场上异常勇猛,击退了法军的一次关键攻击,不仅令法国步兵的一个纵队全军覆灭,还缴获了拿破仑第45联队的鹰旗。

第七次反法同盟
滑铁卢战役的主要对手是英国和法国,其他一些国家也派军参战,与英军一起组成了反法联军,其中包括荷兰、汉诺威、拿索、巴伐利亚和普鲁士。在这些助阵的国家之中,普鲁士军队的贡献最大。

拿破仑的老近卫军
在此次战役中,护卫拿破仑的是他的老近卫军,他们都是皇家卫队的精锐之师,是拿破仑根据帝国卫队的作战经验亲自精选而出的,个个身材魁梧。这意味着,在战场上交战时,很多人都比不上他们高大强壮。

伤亡惨重
滑铁卢战役虽然与中世纪战争的血腥杀戮无法相提并论,但交战双方伤亡都极其惨重。拿破仑手下的7.2万名士兵,约有2.5万人或死或伤,8000人被俘,1.5万人失踪。惠灵顿公爵及其盟军一方士兵的伤亡和失踪总数约为2.4万人。

第七次反法同盟

部队人数：11.8万人

骑兵人数：1.1万人

大炮数量：150门

惠灵顿公爵
统帅

惠灵顿公爵阿瑟·韦尔斯利与拿破仑在战场上屡次交手，声名鹊起。他一直担任英国陆军总司令，直到1852年去世。
优势：非常自信且精力充沛。
劣势：不是很机智。

步兵
关键作战部队

这支步兵在当时堪称一流，他们在滑铁卢战场上深挖壕沟，以抵御法国骑兵的屡次进攻。
优势：能近距离作战的多用途部队。
劣势：很容易被骑兵迂回侧翼包围，并且容易受到炮击。

大炮
关键武器

联军的火炮极具破坏性，延缓了法军的速度，对法军防线破坏极大。
优势：大炮射程很远，而且破坏力极大。
劣势：需要支援部队提供保护，因为在炮火攻击之下相当脆弱，且兵力不如敌军。

01 首轮进攻

6月18日上午10点，滑铁卢战役打响。法军对位于乌古蒙的联军阵地发起进攻。乌古蒙本是一大片农舍，在此役中用作前哨。起初，双方投入的兵力都有限，但到了下午，此处已经成为战事最激烈的中心地带，联军击退了法军一轮又一轮的进攻。

02 大炮齐发

大约在正午时分，拿破仑命令他拥有80门大炮的炮兵部队开火，轰击惠灵顿公爵。炮声隆隆，惠灵顿公爵的骑兵伤亡惨重，防线上露出破绽。

03 法军步兵进攻

在削弱联军的防线之后，拿破仑开始全力发起进攻。最初法军占据上风，法军左翼的步兵将惠灵顿公爵的部队逼得节节后退。不过，就在拿破仑应该乘胜追击之际，属下告知他普鲁士军队正在快速逼近。他试图传话给鲁希元帅，令他率军迎战普鲁士军队，可格鲁希元帅远在瓦夫尔镇，远水解不了近渴。

10 法军撤退

随着法军的左军、右军和中军的分崩离析，拿破仑就只剩下两个营的老近卫军了。他希望剩余的军队能够重整旗鼓，只可惜联军势大，拿破仑的残兵败将根本抵抗不住。无奈之下，拿破仑只好下令撤退。老近卫军拼死掩护拿破仑突围，为阻挡联军追杀，老近卫军将士死伤无数。

04 英国重骑兵攻击

眼看己方的步兵快要支撑不住，惠灵顿公爵统率的第一重骑兵旅和第二重骑兵旅向法国步兵发起反击。当他们到达山脚下的时候，已经完全阻挡住敌军前进的步伐。不过，这样一来，他们也就完全暴露在了敌军的攻击之下。

09 重夺普兰西诺

普鲁士军队重新夺回普兰西诺,对拿破仑的右翼发起猛烈攻击,惠灵顿公爵率领的联军立时占了上风。一直在普兰西诺固守法军阵地的老近卫军只好仓皇撤退。

08 皇家卫队攻击惠灵顿公爵的军队

正当部下在普兰西诺奋力抵挡进攻的普鲁士军队时,拿破仑发起绝地反击。他派遣号称不可战胜的皇家卫队杀入惠灵顿的中军,试图突破敌军防线,从敌军内部进攻其侧翼。皇家卫队小有斩获,突破了联军的多条战线,可惜面对惠灵顿的大军,最终寡不敌众,全军覆灭。

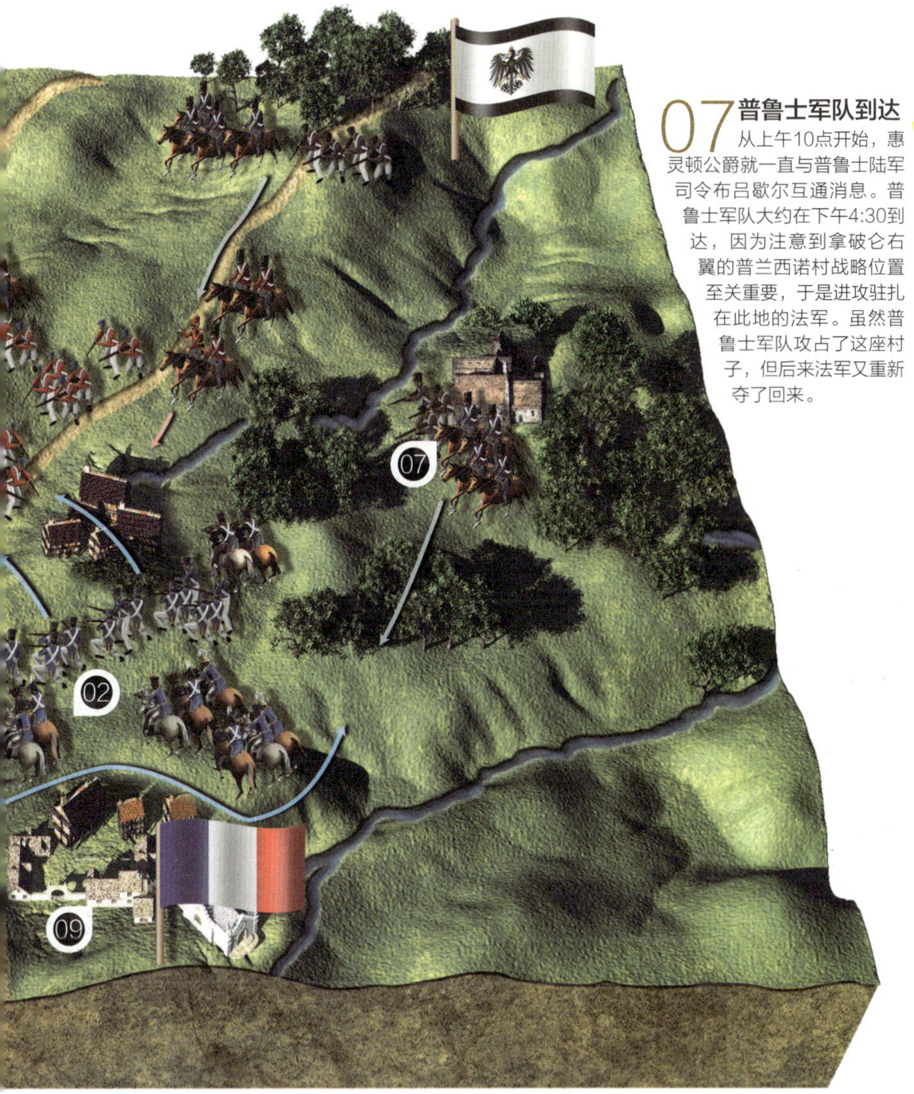

法国

部队人数:	7.2万人
骑兵人数:	1.4万人
大炮数量:	250门

07 普鲁士军队到达

从上午10点开始,惠灵顿公爵就一直与普鲁士陆军司令布吕歇尔互通消息。普鲁士军队大约在下午4:30到达,因为注意到拿破仑右翼的普兰西诺村战略位置至关重要,于是进攻驻扎在此地的法军。虽然普鲁士军队占了这座村子,但后来法军又重新夺了回来。

拿破仑·波拿巴
统帅

拿破仑皇帝是军事奇才,闻名天下,曾攻占欧洲中部的大片地区。

优势: 足智多谋的战略家,久经沙场,经验丰富。

劣势: 性情古怪。

轻骑兵
关键作战部队

法国轻骑兵是当时举世公认超一流的轻骑兵,他们在抵挡联军重骑兵进攻时立下了汗马功劳。

优势: 作战快速灵活,能够轻松地从侧翼包抄敌军。

劣势: 要靠奇袭才能发挥出最大的效果。

05 拿破仑下令反攻

由于联军重骑兵正面对着法国的步兵方阵,且没有援军,在此情况下,拿破仑下令进行反攻,从他自己的骑兵中调遣铁骑和长矛兵团。虽然拿破仑的骑兵团歼灭了联军相当数量的重骑兵,但却无法全歼敌军。

06 僵持不下

在战场的中心地带,双方经历了数轮拉锯战。法军多兵种又联合作战,攻击惠灵顿公爵的中右翼,双方战成一团,难解难分,均死伤惨重。

毛瑟枪
关键武器

拿破仑的老近卫军用的就是这种毛瑟枪,射击精度极高。在滑铁卢战役中,大批联军士兵就命丧于这款枪。

优势: 中等距离范围内是遏制敌军进攻的利器。

劣势: 装填速度慢,且近战时用处不大。

绝望的防御
在整个战役中,联邦军的战线不止一次经受殊死考验。邦联军的攻击点多变,进攻套路层出不穷,米德将军也在战场上迅速整顿各战斗部队。

天气炎热
整整激战了三天,正是宾夕法尼亚州夏季最热的时候,酷暑难当。这意味着,在如此艰苦的条件下,交战双方都必须苦苦支撑,不能打退堂鼓。对于士兵们来说,饮水异常珍贵,如同弹药一般。

众多骑兵缺阵
尽管交战双方的骑兵在战役首日就加入了战阵,但双方都有相当数量的骑兵在其他地方,无法赶来参加葛底斯堡战役。这极大地改变了战局,又因为李将军的侦察兵对联邦军动向的探报有误,影响了他的军事决定。

血雨腥风的一场恶战
葛底斯堡战役是美国内战期间伤亡人数最多的一场战役,激战持续三天,共有51000多人阵亡、失踪、被俘或受伤。此役是美国内战的转折点。四个月之后,美国总统亚伯拉罕·林肯就是在此地发表了他著名的葛底斯堡演说。

葛底斯堡战役

美国宾夕法尼亚州，1863年7月1日至3日

1863年7月2日中午，夏日炎炎，连一块歇脚儿的阴凉地都找不到，无论是联邦军还是邦联军，都筋疲力尽，人困马乏。在前一天交战之后，附近荒芜的葛底斯堡小镇静得可怕，因为联邦军士兵已从镇上的大街小巷匆匆撤退到山区。乔治·米德将军已经稳住军心，形成了一道严密的防线，眼下他希望这道防线足以阻挡住敌军。当听到联邦军左翼枪声大作时，他意识到敌军已经开始进攻，但他没想到战斗会这般血腥惨烈。

在上个月，邦联军最出色的指挥官，甚至可以说是整个美国内战期间最伟大的将军罗伯特·E.李率领北弗吉尼亚州的陆军72000人北上。在他看来，如此深入联邦军的势力范围，会大力支持那些呼吁美国南北双方通过谈判达成和平协议的力量。此外，邦联军如此深入北方领土，若能获胜，必将给林肯总统施加巨大压力。李将军甚至有可能借机攻入华盛顿特区。

表面来看，葛底斯堡不过是宾夕法尼亚州南部一个不起眼的小镇而已。但其地理位置却极为重要，通往美国南部、北部和其他多地的要道都集聚于此。约瑟夫·胡克少将指挥波托马克军团，挫败了李将军派出的北路军，并一路尾随，计划且战且追直至最终消灭敌人。然而，就在开战前三天，他被解除了指挥权，米德将军接替了他的职位。但米德将军的属下却对他不信任，大家都质疑他是否具备领军的才能。

两军于7月1日在葛底斯堡狭路相逢，小规模冲突很快升级为激战。兵力有限的联邦军士兵死守防线，对抗邦联军的进攻。虽然米德将军未到战场督战，但联邦军还是控制住了葛底斯堡的防线。可惜飞来横祸，高级军官约翰·F.雷诺兹少将被对方狙击手击中倒地。

联邦军士兵拼死抵抗，尽力拖延了敌军的进军速度。但由于敌军势大，联邦士兵被迫通过葛底斯堡的大街小巷撤退到南部的山上，在山上建立了由炮兵组成的防线。随着增援部队在傍晚和夜间陆续抵达，联邦军在高地上的防线也愈加稳固。

李将军在交战首日就包围并拿下了葛底斯堡。虽然己方伤亡人数超出预期，但他依然和往常一样对胜利充满信心。他的作战计划是迂回包抄联邦军的阵地，摧毁敌军居高临下的优势，逼迫米德将军撤军。接下来两天的战局将决定美国之后的命运，可以想见，将有成千上万的美国士兵在此役中阵亡。

波托马克的联邦军

部队人数：9.5万人

乔治·米德将军
统帅
开战前几天被任命为联邦军的领兵将军。
优势：善于让下属各尽其能。
劣势：未能获得全军上下的一致拥戴，手下许多军官都不听其调遣。

第五军
关键作战部队
小圆顶山的坚定守卫者。
优势：主要是响应林肯总统号召入伍，都是甘愿为联邦统一大业牺牲性命的忠勇之辈。
劣势：补给线过长，给养不足，他们的处境远比敌军艰难。

1861 斯尔费德型步枪
关键武器
南北战争中最常用的步枪。
优势：射程远，精度也相当高。
劣势：子弹轨迹略有弧度，新手使用这种枪会感觉很别扭。

01 形成防线
7月1日从葛底斯堡撤退之后，米德将军将他的部队阵型排成倒鱼钩形状——阵型曲线的部分朝向北边城镇，长长的直线部分朝西，面对邦联军的方向。米德将军相信，凭借居高临下之势，足以抵挡敌军的任何攻击。

02 西克尔斯少将率军发动进攻
丹尼尔·西克尔斯少将的第三军防守联邦军左翼，他率军向西部地势更高的地带转移，驻扎在魔鬼穴（Devil's Den），他的炮兵占据了更有利的位置。而且米德将军还派遣了第五军来支持西克尔斯部。

03 李将军命令发起首轮进攻
李将军在神学院山脊（Seminary Ridge）一带部署重兵，与联邦军的鱼钩状阵型构成平行之势。他命令朗斯特里特将军攻击联邦军的左翼，安布罗斯·希尔将军攻击敌军的中部，而理查三世·尤厄尔将军则打击敌军的右翼。李将军自己则计划率军直逼联邦军左翼，目标是从侧翼包抄敌军，力求一网打尽。

04 朗斯特里特率军进攻
向联邦军左翼进攻时，朗斯特里特将军的士兵们在魔鬼穴一带遭遇联邦军的第三军。邦联军的得克萨斯州和亚拉巴马州的军队朝小圆顶山进发，迂回包抄魔鬼穴。

05 苦战魔鬼穴
交战双方陷入拉锯战，魔鬼穴数次易手，双方都无法长时间守住阵地，此处伤亡人数多达1800人左右。

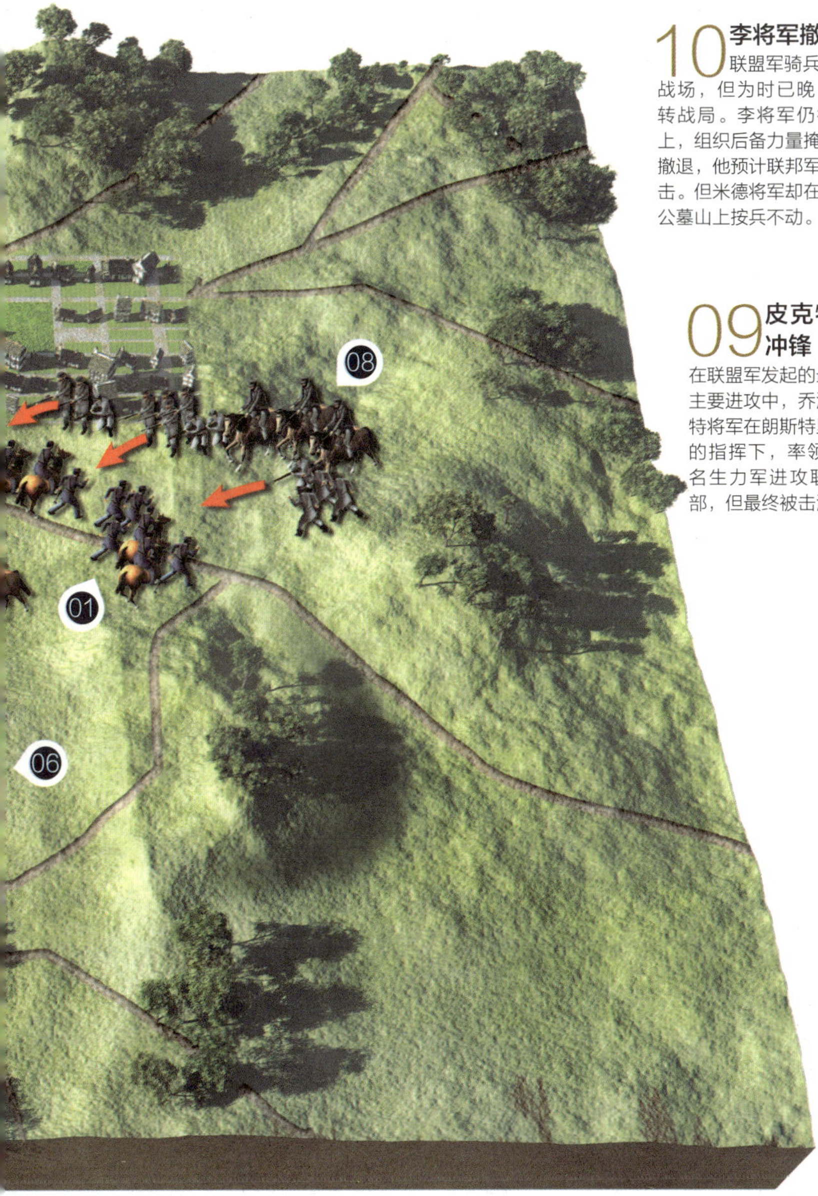

10 李将军撤退

联盟军骑兵最终到达战场，但为时已晚，无力扭转战局。李将军仍待在战场上，组织后备力量掩护其部队撤退，他预计联邦军会派军攻击。但米德将军却在公墓岭和公墓山上按兵不动。

09 皮克特将军冲锋

在联盟军发起的最后一次主要进攻中，乔治·皮克特将军在朗斯特里特将军的指挥下，率领12000名生力军进攻联邦军中部，但最终被击溃。

06 小圆顶山之战

由于弹药越来越少且守军伤亡惨重，约书亚·张伯伦上校命令手下士兵全体上刺刀，向邦联军发起冲锋，将他们赶下山去。

07 第二日激战结束

面对邦联军的猛攻，西克尔斯将军的第三军苦苦支撑，但惠特菲尔德（Wheatfield）和魔鬼穴最终落入邦联军之手。

08 重整队伍

7月2日傍晚，战场上伤亡人数达到14000余人。此时联邦军在公墓岭和公墓山一线及小圆顶山以南一带固守防线。在邦联军的猛攻之下，联邦军的右翼几乎抵挡不住。第二天，邦联军对联邦军右翼的卡普山和斯潘格勒泉附近发起多轮攻击，但都被击退。

北弗吉尼亚联盟军

部队人数：7.2万人

罗伯特·E.李将军
统帅

美国内战期间最出类拔萃的军事领导人之一，他本人也是经验丰富的士兵。
优势：久经战阵，经验丰富。
劣势：对战场缺乏细致深入的侦察。

联盟军狙击手
关键作战部队

美国内战期间的神枪手。
优势：枪法高超，射杀敌军易如反掌。
劣势：人数有限。

惠特沃斯远程步枪
关键武器

可以说，这款英国制造的步枪是全世界第一款狙击步枪。
优势：射击距离超远，最远可击中一英里外的目标。
劣势：如果新手用，会威力大减。

医院
外面战场上，交战双方杀得你死我活，但英军医院里的35名伤者却坐卧不安，提心吊胆。后来情况突变，祖鲁人的枪弹点燃了茅草屋顶，祖鲁战士冲进了医院。医院里的伤者和陪伴他们的士兵且战且退。

一轮轮攻击
英国第24步兵团的最可贵之处，在于他们抵挡住了祖鲁人一轮又一轮的进攻，在这场战役的后期更是如此。祖鲁人虽然人数占优，却并未发挥出应有的优势。

天气闷热难当
当日天气炎热至极，幸运的是，英军地盘内竟然有一口水井。然而，祖鲁战士却要跋涉24千米才能到达罗克渡口取水，而且由于连续赶路，再加上他们的平均年龄已达到50岁，所以，他们越来越疲惫不堪。

仓促搭建的路障
罗克渡口传教站根本算不上坚不可摧的堡垒。为了抵挡住数千名祖鲁人可能发起的攻击，英军士兵匆忙用玉米袋和饼干盒构筑了临时的射击屏障。

医务人员加班加点
在冲突中，更多的人死在祖鲁人的枪下而非长矛。医务人员随时待命，准备救治受伤士兵，然后把治疗后的轻伤士兵送回前线继续战斗，以支援训练有素但脆弱不堪的前线兵力。

祖鲁族战术
祖鲁人以传统的"牛角"阵型发起进攻，目的是包抄英军，同时保持强大的中部优势。这种进攻阵型非常有利于防守。

罗克渡口战役

南非祖鲁王国，1879年1月22日

罗克渡口战役是有史以来最负盛名的决战之一，电影《祖鲁》也塑造了诸多不朽的角色。英国一直咄咄逼人，力图征服非洲南部，但由于英军鲁莽草率，低估了敌军的实力，险些惨败。祖鲁人下定决心将英军赶出自己的国家。达布拉曼兹违背其同父异母的兄长开芝瓦约国王的意愿，率领祖鲁军队向罗克渡口的小传教站进发。

负责要塞的英军军官是约翰·查德中尉。大战在即，远处的枪声让第24步兵团的要塞守军嗅到了开战前夕的气息。营地的守军发觉敌军的猛攻在即，急忙用玉米袋加固营地的防御工事。由于不少军队都已撤往附近相对安全的海尔马卡（Helmakaar）镇，驻军人手严重不足，只剩下154名勇敢的士兵咬紧牙关，一边祈祷，一边坚守。

祖鲁人很快发现罗克渡口西面的战事最为激烈，而医院就设在这里。医院的茅草屋顶很快就化成一片火海，院内的伤员被困在火海中。祖鲁人蜂拥而入，配备了刺刀的伤员奋力抵抗祖鲁人，其他人拼命攀过石墙逃去安全的地方。

夜幕开始降临，英军被迫退到要塞中心的一个小堡垒中。医院在继续燃烧，祖鲁人的进攻是无情的，英军也浴血奋战。午夜时分，祖鲁人的攻击开始减弱。这让英军松了一口气，他们此时只剩下了600发子弹（进攻开始时，他们的弹药是24万发）。零星的冲突一直持续到凌晨。在经历了12个小时的艰苦战斗之后，英国守军终于支撑到了第二天。

早上7点，英军再次发现祖鲁人的踪影，但祖鲁人这次没有再发动进攻。英军此前在伊散德尔瓦纳战役落败，此次在罗克渡口战役获胜，虽然结果截然不同，但都导致了战争的升级。罗克渡口战役的11名守军在战役后获颁维多利亚十字勋章，不过此战颇具争议。在之后的战役中，数百名受伤的祖鲁战俘惨遭杀戮，被埋葬在万人坑中。1879年夏天，开芝瓦约国王统治下的祖鲁王国战败，被日不落帝国英国吞并，惨遭灭国。

英国陆军

驻军人数：154人

约翰·查德中尉
统帅
查德在战前三天才赶到，是受命守卫罗克渡口的最高军事长官。
优势： 曾有百慕大和马耳他的作战经验。
劣势： 时间有限，物资匮乏，很难构筑强大的防御工事。

英国士兵
作战部队
守卫阵地的英军作战经验丰富，对英国女王忠心耿耿，誓将血战到底。
优势： 军纪严明，训练有素。
劣势： 来犯的祖鲁人实在太多，令英军胆寒。

马蒂尼-亨利后膛装填式步枪
关键武器
是绝大多数英军首选的武器，在英国殖民战争中立下赫赫战功。
优势： 比祖鲁人的任何武器都先进。
劣势： 击发装置有缺陷，枪弹容易卡壳。

02 最终防线
饼干箱周围堆着一袋袋的玉米，摇摇欲坠的防御工事是匆忙搭建的，用两辆货车顶在南墙上。所有弹药都收集完毕，步枪都上好刺刀，剩下的就是等待瞭望哨发出战斗的信号。

01 发现敌军踪迹
早上8点，恩古图高地出现祖鲁军队的身影。查德中尉在中午时分到达罗克渡口，并在他的上级前往海尔马卡镇之后，受命镇守要塞。下午，在听到枪声后，他立刻做出部署防御工事的决定。在布罗姆海德中尉的帮助下，罗克渡口的英军做好了战斗准备。

03 有作战能力的守军只剩154人
下午5点，在史蒂文森上尉、阿尔弗雷德·亨德森中尉及其手下的本地驻军撤退之后，罗克渡口的防御力量大减。守军人数从450人锐减至154人，其中还包括住院的伤兵。

04 第一波攻击
下午5:30，祖鲁人发动了进攻。最初祖鲁人集中攻击罗克渡口的南侧，结果被训练有素的英军的排枪有效压制。祖鲁人的进攻受挫，也并未持续太长时间。

05 在牛角阵型进攻之下苦苦支撑
祖鲁人的攻击逐渐转向侧翼，削弱防守力量薄弱的西北边缘阵地。除此之外，奥斯卡贝格山上还有祖鲁狙击手射杀英军，英军开始出现伤亡。随着祖鲁人的逼近，医院内人员已疏散，当祖鲁人蜂拥进入医院时，许多伤员当场毙命。

10 祖鲁人撤军

祖鲁人此时根本不知道英军的弹药将尽。随着己方伤亡人数越来越多,祖鲁人决定放弃继续进攻。如果他们能再坚持一下,就有可能拿下英军堡垒。经过12小时的激战,祖鲁人在凌晨4:30彻底停止了进攻。英军经历了炼狱般的煎熬之后,终于撑到了最后。

09 弹药所剩无几

如果祖鲁人能再发动一次进攻,肯定能够攻下阵地,全歼英军。不过,祖鲁人也已经筋疲力尽。英军此时战斗力所剩无几,他们实在是太幸运了。

08 仓库

祖鲁人死伤惨重,于是以仓库为目标发起最后一轮攻击。下士弗朗西斯·阿特伍德从窗口开枪,将进攻的祖鲁人一一击杀,阻挡住了他们的前进。主战场中,外墙已被废弃,战斗的最后阶段即将开始。

06 火与火焰

临近黄昏,医院的茅草屋顶开始着火。战斗一直持续到傍晚,熊熊火焰映照下的战场亮如白昼。随着火势的消退,祖鲁人的攻击呈现疲态,改为断断续续的小规模进攻。后来祖鲁人的进攻越来越零星,英军甚至可以预判到敌军下一轮的攻击点。

07 最后一轮进攻

为了防止敌军最后拼死一搏,英军又修建了一面墙用于防守。由于有墙的阻隔,极大地削弱了祖鲁人在人数上的优势。因为防守屏障有高度优势,英军士兵可以居高临下射杀敌军。

祖鲁王国

部队人数:4500人

达布拉曼兹·坎潘德
统帅

他是祖鲁国王同父异母的兄弟,为了有机会在罗克渡口中击败英军,他不惜违抗国王的命令。
- **优势**:他一心想将英军赶出自己的国家。
- **劣势**:"牛角"阵型抵挡不住英军的射击。

祖鲁战士
作战部队

战时招募平民组成的一支军队。祖鲁王国第一位国王夏卡是一位颇具传奇色彩的勇士,他曾亲自对这支队伍进行训练。
- **优势**:祖鲁短刺矛运用精熟,所向披靡。
- **劣势**:几乎没有接受过枪械使用方面的训练。

祖鲁短刺矛
关键武器

一种轻盈的长矛,可刺入敌人的腹部。
- **优势**:很容易上手,可以投掷击杀敌人,也可用作近战兵器。
- **劣势**:比刺刀短,很难靠近英军。

索姆河战役

法国北部，1916年7月1日至11月18日

一个温暖的夏日，法国北部前线猛烈的爆炸声突然响起，令人心悸。原来是深埋地下的炸药爆炸了，这一信号表明，英法联军对德国防线发起了进攻，索姆河战役开始了。

索姆河战役最初是计划只由法军发起进攻，酝酿数月之久，原计划是陆军元帅道格拉斯·黑格对德国防线实施决定性打击。黑格元帅的目标是突破德军战壕造成的僵局之势并将德军的前线切为两段，从而给德军防线造成毁灭性的打击，进而快速突破德军防线。英法联军认为这样不仅会使德军大乱，而且还可以吸引德军的重要兵力，为被德军围困在凡尔登的法军解围。

黑格元帅与指挥第四军的亨利·罗林森将军共同制订了进攻计划。二人都知道德国的防御工事一定会修建得非常坚固，因此，在对德军防线的8天炮击中，攻击目标主要是铁丝网、战壕和地堡防御工事。他们认为，这足以摧毁德军构筑的铁丝网障碍，摧毁战壕防御工事，而且至关重要的是，即便不能悉数摧毁德军的防御工事，也会极大地挫伤德军士气。

不过，德国将军埃里希·冯·法金汉的军令如山，意思明确无误：死守阵地，寸土不让。战前两年，德军提前在此修筑了大量的地下防御工事，利用索姆河地区的白垩土质建造了无数天然地堡，这意味着德军的备战比英军做得更充分。实际上，尽管英法联军在8天里用炮火狂轰无人区一带，发射的炮弹数量超过一百万枚，但许多炮弹都未能引爆。

7月1日早上7时30分左右，英法联军开始进攻德军防线，前方等待他们的不仅有德军的机枪，更有埋在地下绵延数英里的铁丝网。英法联军本打算速战速决，尽快拿下对手，可结果进攻战很快变成一场消耗战。进攻第一天就有两万多名英军阵亡，伤者更是不计其数。

在接下来的4个月中，英军和德军在此展开了艰苦的死战。英军付出数千人伤亡的惨重代价，取得的战果却相当有限。虽然英军在这一年9月首次将坦克派上战场，但仍不足以确保英军彻底的胜利。11月中旬，英军奋力发起最后一次进攻，终于拿下了防线左翼的博蒙特-哈梅尔，而按照黑格元帅的作战计划，这是首日进攻的目标之一。

在索姆河战役中，累计死伤人数超过100万。此役确实将围攻凡尔登的德军吸引了过来，解救了被围困在凡尔登的法军。不过，黑格元帅原本要求对德军阵地取得决定性重大突破的计划化为泡影。随着12月的临近，双方都可以趁着冬日休整队伍，计算损失了。

步行速度
士兵们接到命令,在进攻无人地带时切勿快速前冲,而要以缓慢却又稳定的步伐进军。他们的背包中装有挖战壕的工具,还需要在数英里的战场范围内协调一致地进攻。因此,这样的步行速度是最有效的。

刺刀固定
如果仍有德军抗击英军,可以预见,战斗将会在德军战壕里上演。刺刀在近战时极具杀伤力,非常适合肉搏战。

铁丝网拦路
尽管英法联军的炮火在战前8天就开始持续轰击德军阵地,但德军防线上的铁丝网仍然完好无损。这意味着,英法联军要想进攻敌军防线,必须冒着敌军猛烈的炮火,突破这些铁丝网的阻隔,但很多英法士兵都被铁丝网困住了。

大英帝国

部队：第四集团军，约30万人

火炮：约1800门

坦克：约22辆（实际参战）

道格拉斯·黑格元帅
统帅
这位陆军元帅为人固执，他为索姆河战役制订了作战计划，并下定决心不折不扣地执行。
优势：久经沙场，经验丰富，还采用了新的战术。
劣势：战术明显不奏效，却非要坚持用下去，结果导致伤亡惨重。

马克I型坦克
关键作战武器
这些所谓的"陆地上的战舰"是战场上的新式武器，令人望而生畏。
优势：普通的炮弹无法击穿坦克装甲，对鼓舞联军士气大有好处。
劣势：速度慢、可靠性差，且无法灵活操纵。

18磅火炮
关键武器
英国炮兵的主力火炮。
优势：射程非常远，精度非常高。
劣势：发射的许多炮弹都未爆炸。

01 猛烈轰击
为了除去防御工事附近的铁丝网，破坏敌军战壕并打压德军士气，在发动总攻前的8天内，英法炮兵连续对敌军防线进行炮击。共有1800多门榴弹炮、野战炮、迫击炮和重型武器参与攻击。不过，英法联军的将军们不知道的是，炮击过后，敌方大部分的铁丝网完好无损，德军只要躲在地下工事里，等待炮击停止就好了。

02 山楂堡垒引爆
7月1日凌晨7点30分左右，德军防线下的地雷接连爆炸，其中最大的一次爆炸是在德国的防御工事山楂堡垒（Hawthorn Redoubt）下，它比其余防线提前十分钟触发。18吨炸药炸出了深达30米的大坑。

03 进攻开始
英军士兵背着步枪，带着过战壕用的木板及挖沟用的沉重工具，冲出战壕。德军从地堡中探出头来，用机枪向逼近的敌军扫射。英军的进攻受挫，而战场南部的法军进攻相对顺利。由于在进攻前几个小时才开始轰炸，德军对法军的进攻准备不足。

04 屠杀惨剧
战斗第一天，英军的伤亡人数就达到58000人。德军以逸待劳，用机枪疯狂扫射，绝大多数英军都死在机枪之下。这一天联军几乎一无所获，不过法国第六集团军实现了一些初期目标，开局相对顺利一些。

05 攻下德国战壕
7月11日，亨利·罗林森将军率领的第四集团军拿下了敌军的第一道防线。不过，德国增援部队很快从附近的凡尔登前线赶来增援。

06 进展缓慢
顽强的德国指挥官马克斯·冯·加尔维兹（Max von Gallwitz）于7月19日开始指挥德国的前线防御。7月23日，两个澳大利亚师占领了波济耶尔，到了月底，战线向前推进，但几乎没有实现主要目标。

07 坦克进攻
9月15日，在弗莱尔-库尔瑟莱特之战中，英法联军对一条长达12千米的德军防线发起攻击时，坦克首次投入实战当中。有约50辆"陆地战舰"派上战场，其中几辆坦克甚至还没到达前线就已经出了故障，在新一轮的冲锋中，可用的只有22辆坦克。看到坦克这样的庞然大物，许多德国步兵不禁大惊失色。但英法联军后继乏力，到9月22日，进攻彻底停了下来，联军仅获得了有限的阵地。

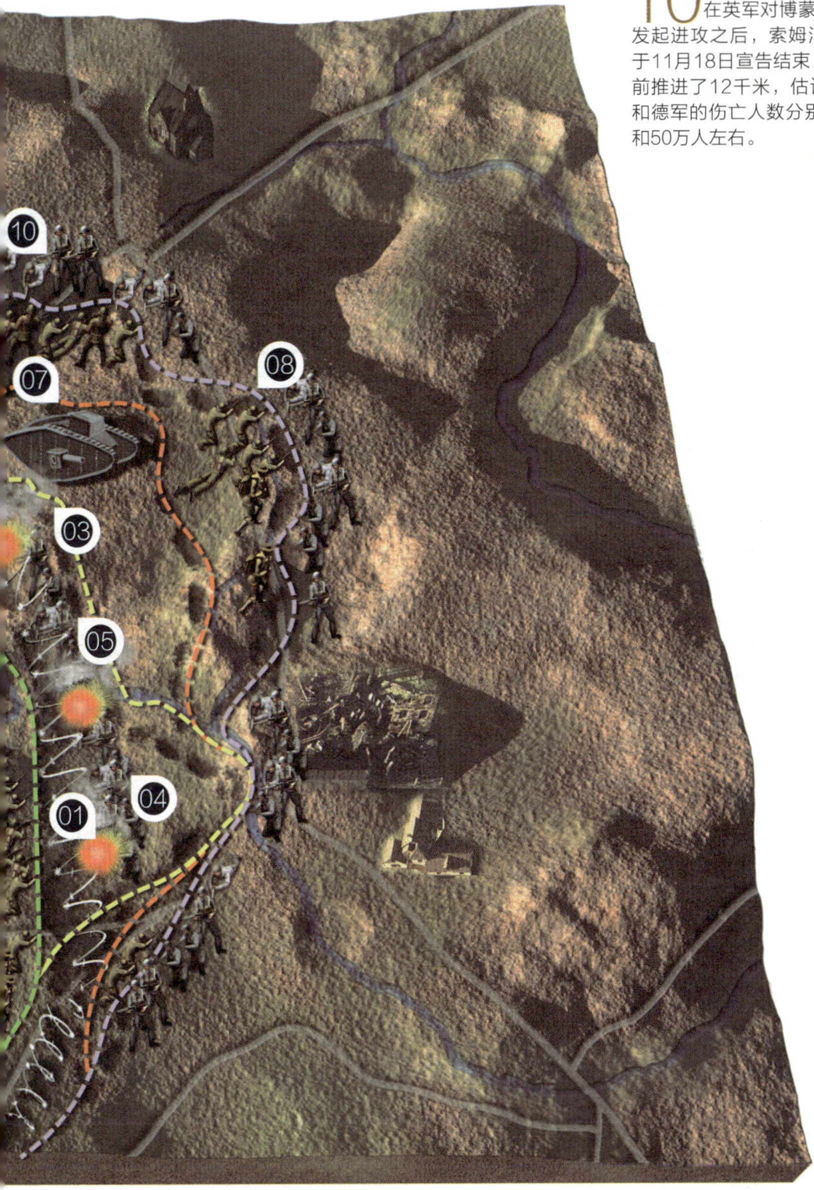

10 英军匍匐前进

在英军对博蒙特-哈梅尔发起进攻之后，索姆河战役最终于11月18日宣告结束。战线仅向前推进了12千米，估计英法联军和德军的伤亡人数分别为62万人和50万人左右。

德意志帝国

部队人数：9个兵团

总兵力：约9万人

埃里希·冯·法金汉将军
统帅
他既是久经战阵的战士，也是政坛老将，注重防御。
优势：他在索姆河战役的战场上构建了坚固的防御工事，战前准备非常充分。
劣势：寸土不让的作战宗旨，导致德军伤亡惨重。

机枪队
关键作战部队
机枪射速极快，弹如雨下，杀伤力极强。
优势：给敌军步兵造成毁灭性的打击。
劣势：难以重新部署，机枪连续使用时间过长会发烫发热。

08 英军匍匐前进

接下来的10月，英军在对莫瓦尔（Morval）、蒂耶普瓦勒岭（Thiepval Ridge）、昂克尔高地（Ancre Heights）和其他地带的进攻中，小有斩获。每拿下一条战壕，每前进一步，双方都伤亡惨重。法军在战场南部的进攻，也是一样。

09 最终攻击

冬季临近，意味着任何有效的进攻都将徒劳无功，于是英军在索姆河战役中对安克雷河附近的博蒙特-哈梅尔发动了最后一轮进攻。11月13日，英国第五军团开始用火炮轰击，大获成功，俘虏了很多德军。但恶劣的天气使英军伤亡人数日益增多，在实现了一些初期目标后，英军被迫停止进攻。

98式步枪
关键武器
德国军队的主要武器，非常适合此次战役的堑壕战。
优势：每个弹夹装5发子弹，2000米射程内可确保射击精度。
劣势：枪管过长，不适合近距离射击。

康布雷战役

法国北部康布雷，1917年11月

▲ 英军士兵在作战时所拍摄的照片。照片原标题是：在弹坑里，我们像肯尼猫一样战斗

  1917年，英军对战争的看法已经彻底改变。在索姆河战役中，战场上血流成河，战壕纵横，到处都是铁丝网。面对此情此景，英军再也没有了关于战争的荣耀和堂堂正正交战的浪漫想法。为了争夺区区有限的阵地，交战双方杀得你死我活，死伤无数。英军在法国境内苦战三年，进攻的成效却十分有限。英国军事指挥官们痛定思痛，终于认识到以往作战方式的弊端。在继续改变战术的大背景之下，有关各方当初在康布雷发动进攻的作战计划也就不足为奇了。英国先是开炮轰击敌军，预示着进攻即将到来，德军就可以在反击之前进行战术撤退。1917年8月，炮兵指挥官准将亨利·休·都铎提议"神不知鬼不觉地部署火炮"，悄悄将火炮运到战场上，106号瞬时熔断器的使用对这一过程大有帮助。这意味着炮弹只要受到冲击就会立即引爆。

  与此同时，坦克部队的准将休·埃勒斯和约翰·富勒中校则迫切希望有机会让坦克上战场作战，大展神威。富勒中校深信坦克部队可以实施闪电突袭，以粉碎德军抵抗和推进英国的战线。正如英国第三集团军指挥官朱利安·宾将军认可的那样，这与都铎准将的计划不谋而合。兴登堡

此次进攻共出动 6 个步兵师、5 个骑兵师和 9 个坦克旅,调动了 1000 多门火炮。

防线深挖战壕,遍布铁丝网,防守做得极好。虽然该地区极具战略价值,敌军防范极其严密,但突袭此地肯定会打敌军一个措手不及。

此次进攻共出动6个步兵师、5个骑兵师和9个坦克旅,调动了1000多门火炮。前沿阵地约为10千米,由第三集团军的第三军和第四军主攻。随着进攻的进行,阵地范围扩大,第三军必须突破马尼耶尔-博里瓦尔(Masnières-Beaurevoir)防线,以使骑兵能够在48小时内围困康布雷,切断敌军的增援部队。显然,保密是至关重要的。

马克四型坦克分为"雄性"和"雌性"两类,前者装有四挺刘易斯式轻机枪和两门霍奇基斯海军用快速炮,后者仅配备6挺刘易斯式轻机枪。由于没有配备海军用快速炮,马克四型"雌性"坦克的重量更轻,为26吨,而"雄性"坦克的重量达到28吨。

坦克机组人员还注意到,马克四型"雄性"坦克的后部有一个门,而雌性坦克则不止一个门,而且更贴近地面。紧急情况下,要从"雄性"坦克里面出去很不容易。坦克内发动机占了相当的体积,留给8名男性士兵的空间很有限。不仅如此,这款坦克的行进时速只有6千米,遇到恶劣的地形,时速更是只有1.6千米左右。

此战中,坦克冲在前面开路,为步兵提供掩护,坦克的履带碾压铁丝网就如摧枯拉朽一般。每辆坦克上均载有一捆柴,用于填塞德军战壕,以便坦克顺利通过。同时,有些坦克上还装有一个抓钩,可以将碾压后的铁丝网拖走,从而为后面的骑兵部队扫清道路。

在先前的战役中,黑格元帅曾因为进攻太猛

▲ 第一次世界大战期间,陆军元帅道格拉斯·黑格是英军最高指挥官

▲ 英国第三集团军指挥官朱利安·宾将军,摄于1917年4月

吃过大苦头,他坚定地认为康布雷战役的进攻目标有限,并且只会持续一段时间。最大限度地减少伤亡至关重要——当他被迫派出两个师去支援意大利前线时更是如此。各部之间的合作与交流也至关重要,正如战斗的结果所证明的那样。

隆隆声中战斗打响

11月20日早上6:20,大炮开始轰击,战斗打响了。在震耳欲聋的炮声中,坦克率先冲入烟雾。坡度平缓,坦克驾驶员驾轻就熟。坦克碾压铁丝网,轻松至极,无论是坦克内的机组人员,还是跟在坦克后面的步兵都叹为观止。

英军最初的进攻看起来非常顺利。这种"安排周密"的战法果然名不虚传,如此突如其来的攻击简直把德军打蒙了。英军火炮的开火速度快,杀伤力惊人。英国皇家陆军航空队也在空中配合,虽然天气条件不佳,但飞行员依旧冒着敌军机枪的枪林弹雨,投弹攻击敌军目标。一支澳大利亚空军中队在哈夫林库尔(Havrincourt)穿过了异乎寻常的浓雾,几乎彼此看不到对方,更不用说他们的攻击目标了。如果他们的战机不幸坠落,他们就必须想方设法回到自己的阵地,哈利·泰勒中尉就是这么做的,他从一位倒下的士兵身上拿起武器,马上去寻求支持。

这并不是说英法联军没有遭遇德军抵抗,随

▼ 来自莱斯特第11团的士兵待在里贝科特一处被占领的敌军战壕里

▲ 加上配备的额外武器，马克四型"雄性"坦克重达30吨

着时间的推移，关于一位德军神枪手的故事突然传得沸沸扬扬，据说他靠一己之力就死死压制住了敌军。对于突然发现自己陷入不利境地的英法联军来说，出现这样的传言，无疑对他们的决心和战斗力都大有影响。驻扎在康布雷战场附近的一些部队来自俄国前线，之前从未见过坦克。当坦克如钢铁巨兽般向这些士兵逼近时，他们心中作何感想，我们不得而知。不过，多亏他们训练有素，他们先是殊死抵挡住敌军，然后再进行战术撤退。

不久，英法联军就发现沟通是个大问题。当坦克与步兵协同作战时（例如通过哈夫林科特和格兰科特），事情进展得非常顺利。但在战场的其他地方，步兵只能靠猛拍坦克的门来引起坦克兵的注意，而由于目标混淆不清，导致很多步兵只好在没有炮兵支援的情况下去攻击关键阵地。

英军

步兵
6个集团军

伤亡人数：约4.4万人

统帅
陆军元帅道格拉斯·黑格、朱利安·宾将军

扭转战局的关键
凭借378辆作战坦克，英军在第一天的进攻中推进速度惊人。

德军

步兵
1个集团军

伤亡人数：约4.6万人

统帅
格奥尔格·冯·迪尔·玛维兹将军、巴伐利亚皇太子鲁普雷希特

扭转战局的关键
由冯·里希德霍芬男爵率领的德国空军于11月23日到达，与英国皇家陆军航空队交战。

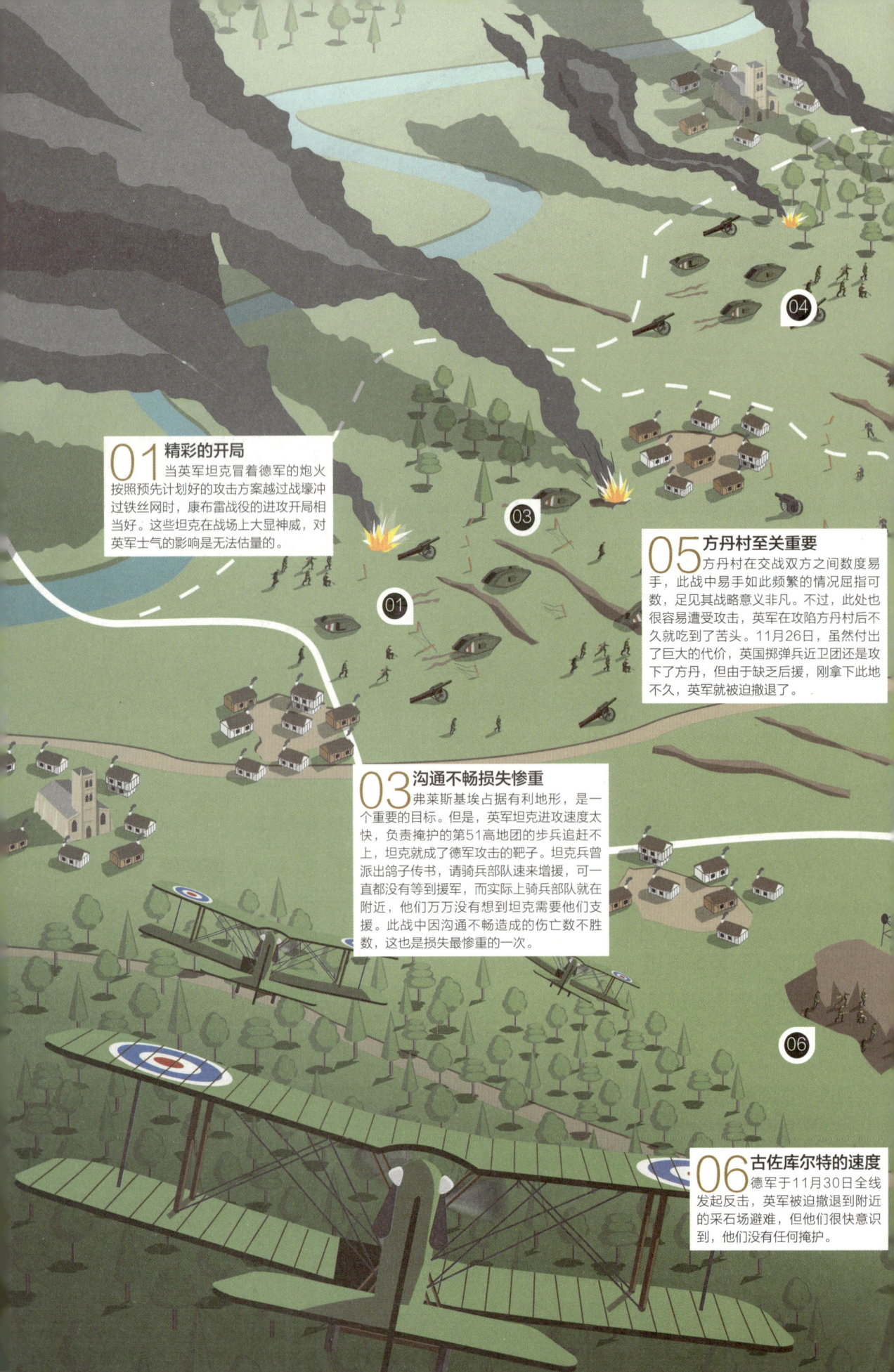

01 精彩的开局
当英军坦克冒着德军的炮火按照预先计划好的攻击方案越过战壕冲过铁丝网时,康布雷战役的进攻开局相当好。这些坦克在战场上大显神威,对英军士气的影响是无法估量的。

05 方丹村至关重要
方丹村在交战双方之间数度易手,此战中易手如此频繁的情况屈指可数,足见其战略意义非凡。不过,此处也很容易遭受攻击,英军在攻陷方丹村后不久就吃到了苦头。11月26日,虽然付出了巨大的代价,英国掷弹兵近卫团还是攻下了方丹,但由于缺乏后援,刚拿下此地不久,英军就被迫撤退了。

03 沟通不畅损失惨重
弗莱斯基埃占据有利地形,是一个重要的目标。但是,英军坦克进攻速度太快,负责掩护的第51高地团的步兵追赶不上,坦克就成了德军攻击的靶子。坦克兵曾派出鸽子传书,请骑兵部队速来增援,可一直都没有等到援军,而实际上骑兵部队就在附近,他们万万没有想到坦克需要他们支援。此战中因沟通不畅造成的伤亡数不胜数,这也是损失最惨重的一次。

06 古佐库尔特的速度
德军于11月30日全线发起反击,英军被迫撤退到附近的采石场避难,但他们很快意识到,他们没有任何掩护。

04 波隆的抵抗

在波隆林地（Bourlon Wood）爆发的战斗最为残酷，破坏性极大。攻占此地对英军来说至关重要，因为这是一个绝佳的制高点。一旦英军进入林地，步兵就只能靠自己了，一些伤兵要等上几天才有可能得到救援。守卫此地的德国步兵殊死抵抗，更有炮兵和飞机提供火力支持。交战双方殊死血战，伤亡异常惨重。

02 运输困难

如果英军要从南部包抄过来，那么在马尼耶尔越过圣康坦运河就至关重要。不过，桥梁不是被德军布雷，就是在坦克的重压下倒塌，过河计划泡汤。在此情况下，所有给养和援军都必须通过公路运输，公路很快就拥堵不堪。

而且，坦克移动速度缓慢，坐在上面作战的士兵也是心惊胆战，敌军的大部分火力都集中攻击坦克。一旦坦克熄火，他们就变成了瓮中之鳖，只能被动挨打。虽然如此，坦克攻占敌军阵地的速度着实令人兴奋不已；每攻下敌军的一处战壕，每破除敌军的一条铁丝网，都朝着既定目标更进一步，士气空前高涨。当坦克离增援线越来越远时，开辟出一条畅通无阻的道路并建立通信线路就变得至关重要。不过，事实证明，在地面泥泞、铁丝网缠绕的环境中，负责运输的骡子几乎派不上用场。狭窄的道路上车辆来来往往运送伤员和战俘，道路变得拥挤不堪。

第三集团军集结

虽然攻取了一些阵地，但第一天结束时仍有一些重大问题。

坦克越过战壕并非难事，但想要通过圣康坦运河则是另一回事。马尼耶尔原本有一座重要的桥梁，可一辆坦克在试图穿越运河时把桥压坏了。这样一来，步兵就无法按原计划挺进，而德军在另外一座桥上布了地雷。由于道路不畅，骑兵部队的行进受阻。同时，由于缺乏沟通，部队经常滞留或被迫撤退。孤军前行的加拿大骑兵中队突然发现，他们是唯一在马尼耶尔成功通过运河的部队，在没有援军的情况下，他们只好想办法迂回撤退。

与此同时，坦克部队只顾向前冲，与担任掩护任务的第51（高地）师的步兵部队失散，英军并未拿下弗莱斯基埃的关键村庄。失去了步兵的掩护，这些坦克成了驻扎在弗莱斯基埃山脊的德军炮兵的活靶子，损失惨重。从战场赶来送信的英军士兵（其中一些送信士兵徒步走了三千多米）苦口婆心，努力让他们的指挥官明白他们还没有攻破弗莱斯基埃，但乔治·蒙塔古·哈珀少将拒绝派出后备部队的一兵一卒。

第二天，英军加强力量继续进攻，终于攻破马尼耶尔。不过，因为此地太过重要，所以德军也猛烈还击，而且德国空军也赶来增援，英军的处境极为艰难。同时，英军的坦克在第一天就用光了临时准备的所有柴捆。这样一来，坦克越过战壕的难度大大增加。失去了坦克的掩护，英军步兵的士气也大减。

第四集团军的情况看起来要好得多，他们在进攻弗莱斯基埃时，本来担心德军会殊死抵抗，结果却发现这里已经被德军放弃了。当坦克开进村庄时，他们才发现还没有做好打巷战的准备。

由于坦克顶部未配备机枪（顶部配备机枪的坦克1918年才问世），所以很容易遭受从第二层窗户射入的火力。尽管付出了惨重的代价，英军还是攻下了方丹村，下一个进攻目标就是波隆及其周围茂密的林地。

由于没有足够的后援巩固胜利，进攻局势前景不明。方丹村的防守非常脆弱，又没有炮兵火力支持，而且由于桥梁被毁，运送补给变得异常困难。同时，德军在波隆和波隆林地占据有利位置，给英军造成了严重威胁。朱利安·宾将军下令英军必须誓死一战，坚持到最后，并开始挖掘战壕。

当黑格元帅得知这次进攻的情况之后，决定继续进攻，并亲自奔赴战场视察，为德军士兵打气，还有意说起孤军奋战的德国神枪手在弗莱斯基埃山脊上神勇杀敌的传奇故事。黑格元帅向朱利安·宾将军强调说，必须在11月23日之前拿下波隆和方丹。

波隆林地的苦战

英军新一轮的攻势规模非常大，有400门炮和92辆坦克参战，同时派出班塔姆第40师去接

▲ 德军军官在康布雷战役中缴获的英军坦克前合影。在进攻过程中，不少英军坦克被弃，德军缴获的坦克多达数百辆

替一些精疲力尽的前线士兵。这些坦克在方丹遭到猛烈抵抗，被迫撤回，英军坦克部队情报官上尉艾略特·霍特布拉克（Elliot Hotblack）对此极为反对，他看到己方军队的撤退对步兵的士气造成了毁灭性的打击。不仅如此，德国步兵还利用坦克机枪手的盲点向英军坦克里投掷手榴弹，导致驾驶人员被活活烧死。

在坦克的掩护下，步兵到达波隆林地之后，需要冒着敌军的枪林弹雨穿越茂密的树林。就在这里，双方展开了最激烈、最可怕的战斗。枪声、轰鸣声不绝于耳，无数英军士兵丧生于此。

尽管英军下午就尝试展开进攻，但是波隆林地和方丹仍然处于德军的控制之下。黑格元帅给朱利安·宾将军下了死命令，必须攻下波隆山脊，所以连卫队都临危受命，去支持和增援减员严重的部队。

11月24日，天气非常恶劣，英国皇家陆军航空队的飞行员很难驾驶战机升空，去抗击红色男爵曼弗雷德手下的空军。德军对波隆林地火力全开，持续碾压英军，英军也拼死抵抗。11月25日，双方又发生了数次小规模的冲突。失去坦克掩护的英军犹如被割麦子般遭到扫射，而奉命等待战机的骑兵也遭遇德国炮火的猛烈攻击。愤怒的黑格元帅下令，11月27日前必须攻下波隆和方丹。但就在进攻的第二天，德军的增援部队赶到了，德国发动反攻的好时机到了。

这次进攻的作战计划是巴伐利亚皇太子鲁普雷希特制订的，而其手下出色的将领埃里希·鲁登道夫则协助他扩展了作战计划的内容，这是自1915年以来针对英军的第一次进攻计划。在进攻开始前的两天，德军就往林中发射了毒气，11月30日凌晨6点，进攻开始。尽管英军的一些将领曾发出警告，要防备德军进攻，但当德国士兵进攻英国防线时，英军根本就没准备好。这是德国首次运用风暴战术，即第一波进攻的士兵迂回包围目标，并用更多的部队切断敌军的退路。

当英国士兵意识到他们的处境时，惊慌失措的军官们四处寻找自己的武器，并想方设法重整队伍，坚守阵地。

英军根本没有针对这种反击的作战计划，这意味着任何反击和夺回阵地的努力都是临时做出的，事先毫无准备。

英军拼死防守，罗伯特·吉上尉采取激励士气、坚定不移的防御策略，守住了阵地和整个旅的军火库。他架起了一挺刘易斯式轻机枪，杀死了两名潜入英军阵地的德国士兵，然后凭着两支

枪声、轰鸣声不绝于耳，无数英国士兵丧生于此。

▼ 1917年12月，英国炮兵抵达康布雷

手枪向德国机枪哨所发起冲锋。在寻求医疗救护时,他被迫跳入运河并游至安全地带。后来,他因为作战勇猛而荣膺维多利亚十字勋章。

随着增援部队的到来,英军警卫旅夺回了古佐库尔特,波隆林地的部队也坚守阵地。双方的交战演变成一系列代价惨重却不见成效的小规模冲突。随着时间的推移,伤亡人数日益增多,黑格元帅终于意识到,必须后退,为冬季做好准备。他于12月3日下令撤退,到12月7日,战线已经稳定下来,双方在领土上都有相当大的收获,但也都有重大损失。

英军的伤亡及失踪人员达到44207人。德军的伤亡人数难以估算,估计在41000人至53300人之间。结果表明,第一次世界大战的不少奇闻逸事都源自此次战役。抛开这些不论,显而易见的是,这次战役教会我们许多非常宝贵的经验教训,那就是在战争中,各部之间做好沟通与合作是多么重要。缺乏后备军队的支持,缺乏沟通,急于求成,这些因素加在一起,导致这次战役损失惨重。

这一战具有里程碑的重要意义,这是第一次世界大战中首次大规模使用坦克。

▲ 曼弗雷德享有"红色男爵"的称号,他在康布雷战役中从空中打击敌军,发挥了举足轻重的作用

巴巴罗萨计划

东欧和北欧，1941年6月22日至12月5日

第二次世界大战中，当苏德发生冲突时，东欧血流成河，苏联濒临崩溃。

一场大规模激战即将开始。纳粹德国杀气腾腾，直指苏联，后者的控制范围从波罗的海一直到北太平洋。自从希特勒的著作《我的奋斗》在1925年出版以来，纳粹德国的这位独裁者就把"为德国人民开辟生存空间"当成自己的使命——他坚信这是德国人民所需要的。他将布尔什维克主义的不断蔓延视为一种邪恶，一心想要扼杀它。在他看来，布尔什维克的革命威胁着20世纪20年代脆弱不堪的德国。这次战役不仅是一次大规模军事运动，更是两种相互排斥的意识形态之间的冲突。1941年春，德国元首阿道夫·希特勒撕毁了之前他与苏联领袖约瑟夫·斯大林达成的互不侵犯条约——数百万人为此付出了代价。

▲ 1939年波德战争结束后，希特勒在瓦尔特·冯·勃劳希奇的陪伴下检阅德军在华沙举行的胜利阅兵仪式

> 我们只需攻进苏联境内，苏联政权自会土崩瓦解。
> ——希特勒于1941年6月的预测

从波罗的海到黑海

与所谓的"闪电战"相反，德国军队并无单一的"闪电战"一说。德军之所以在1939年和1940年取得成功，靠的是第一次世界大战后德军发展起来的机动作战学说，再加上强大的专业军团和空中优势。然而，到了1940年12月，希特勒被自己的宣传蛊惑，认为在德军的全力进攻之下，苏联定会土崩瓦解。在第21号统帅命令中，希特勒列出了巴巴罗萨行动计划，此计划以神圣罗马帝国皇帝巴巴罗萨的名字命名，而这位皇帝曾率军进行第三次十字军东征。

德国陆军元帅瓦尔特·冯·勃劳希奇在新战线部署了134个整装师，战线从北部的默默尔一直延伸到南部的敖德萨。1939年德国与苏联曾签订了《苏德互不侵犯条约》。此次希特勒撕毁条约，信心满满，自以为入侵苏联只需十周时间。

德军在战术上先发制人的进攻由东路军在三条战线展开，分别是北方集团军、南方集团军和中央集团军，目的是攻破从阿尔汉格尔斯克（Arkhangelsk）至阿斯特拉罕（Astrakhan）的苏联红军防线，并攻下列宁格勒、莫斯科和基辅。中央集团军由参加过第一次世界大战的老将费多尔·冯·博克元帅指挥，进军路线与129年前拿破仑的行军路线一样。为确保德军不会重蹈当年拿破仑的覆辙，弗雷德里克·保卢斯将军受命对目标地区进行战略调查。保卢斯将军建议采取包围战术，以防止红军撤退，并避免由于补给线过长，而被对方游击战消耗，进而付出惨重代价。

由于德军在巴尔干地区遭遇抵抗，顽强程度超出预期，所以巴巴罗萨计划被迫推迟了一个多月。因为德军进攻时间延迟，可能给了苏联足够的时间来集结军队。不过，虽然事前屡次收到警告，斯大林还是坚持认为希特勒在没有彻底占领英国之前不会入侵苏联。早在1940年12月，这位苏联领导人就曾听闻德军计划进攻的消息，1941年4月，温斯顿·丘吉尔也曾致信斯大林，提醒他当心德军进攻。在巴巴罗萨计划开始前夕，斯大林最后一次有机会调动军队备战是在1941年6月21日。当时，德国国防军军士长阿尔弗雷德·利绍夫（Alfred Lishof）从部队开了小差，被苏联士兵俘虏，他提醒苏军，德军的进攻迫在眉睫。可斯大林根本没把他的警告当回事。第二天，斯大林一觉醒来，惊闻德军的入侵已经开始。

苏联对我们的重要性，就像印度之于英国……德国殖民者应该有宽敞、漂亮的农场。

——希特勒的"生存空间计划"

希特勒的装甲风暴

苏联红军准备不足，而德军的进攻来势汹汹，此种情形对苏联来说是致命的。苏联红军与德军相比明显落在下风。波罗的海前线的第一次会战是6月23日开始的拉塞尼艾战役。德军的攻击包括地面的炮击和空军的猛烈轰炸，苏联多处机场瘫痪，苏联空军损失了25%的战斗力。随着战线不断向东推进，德军机械化部队每天挺进80千米，步兵尾随其后，每天负重前进30千米。苏联红军惊魂未定，陷入德军的重重包围。德军的钳形战术开始显现成效，俘虏了数十万的苏联红军战士。德国国防军发挥技术和战术上的优势，当年6月23日至30日，在布罗迪战役中，750辆德国装甲车以少胜多，击败苏联红军的3500辆装甲车。7月初，由于红军从白俄罗斯撤退至第聂伯河两岸，比亚韦斯托克和明斯克也相继失守。

▲ 1941年6月，德国入侵苏联

▲ 轴心国步兵使用41型火焰喷射器将建筑物内的所有抵抗全部消灭

> 放眼望去，映入眼帘的景象无不是燃烧的村庄、死不瞑目的苏联士兵、浮肿的马尸，还有锈蚀、烧焦和烧毁的坦克遗骸。
> ——一位德国步兵描述巴巴罗萨计划早期的战场情景

7月，东欧的战场上暴雨倾盆，之前所向披靡的德军被迫停下进军的步伐，步兵绵延数十千米。被围困的苏联红军正好借此机会重整士气。斯大林下令严格采取焦土政策，将整条东线所有的桥梁、铁路和道路统统破坏。德军东路军日益逼近莫斯科，苏联必须坚决且强有力地抵抗：斯大林绝不容忍失败，德米特里·帕夫洛夫将军因未能抵抗住德军入侵而被处决。这样一来，斯大林手下的军事指挥官都不敢贸然投敌或者撤退。

东方陷入浩劫

随着战线不断扩大,希特勒开始实施其关于生存空间的计划。尾随德国步兵的是德国的"特别行动队"(Einsatzgruppen),即准军事性敢死队,由德国党卫队指挥调遣。他们有组织地谋杀犹太人、共产党官员、知识分子和吉卜赛人,手段残忍至极:集体枪杀、公开绞刑和用汽车尾气杀人(用汽车排放的废气使受害者窒息而死),无所不用其极。此外,纳粹还设立了众多集中营和犹太人居住区,奴役他们做苦力。

德国国防军司令部的某些高级军官并不认同上述做法,但是无能为力。许多德国常规军队、警察、当地招募的雇佣军和法西斯民兵沆瀣一气。其中最大的一次大屠杀发生在基辅郊区的娘子谷(Babi Yar)。德军党卫队的记录显示,仅在1941年,就有60万人被杀,1941年至1944年,"特别行动队"杀害的人数达到200万人,遇害者人数甚至超过巴巴罗萨计划导致的伤亡人数。

战争结束后,在1947年至1948年进行的"特别行动队审判"中,24名原特别行动队指挥官被控犯有反人类罪,其中14人被判处死刑,2人被判处无期徒刑。其他人所处刑罚相对轻一些。而这一罪行的罪魁祸首——党卫队总指挥海因里希·希姆勒和副总指挥莱因哈德·海德里希都血债血偿,前者在他的牢房中自杀,后者被同盟国的特工暗杀。

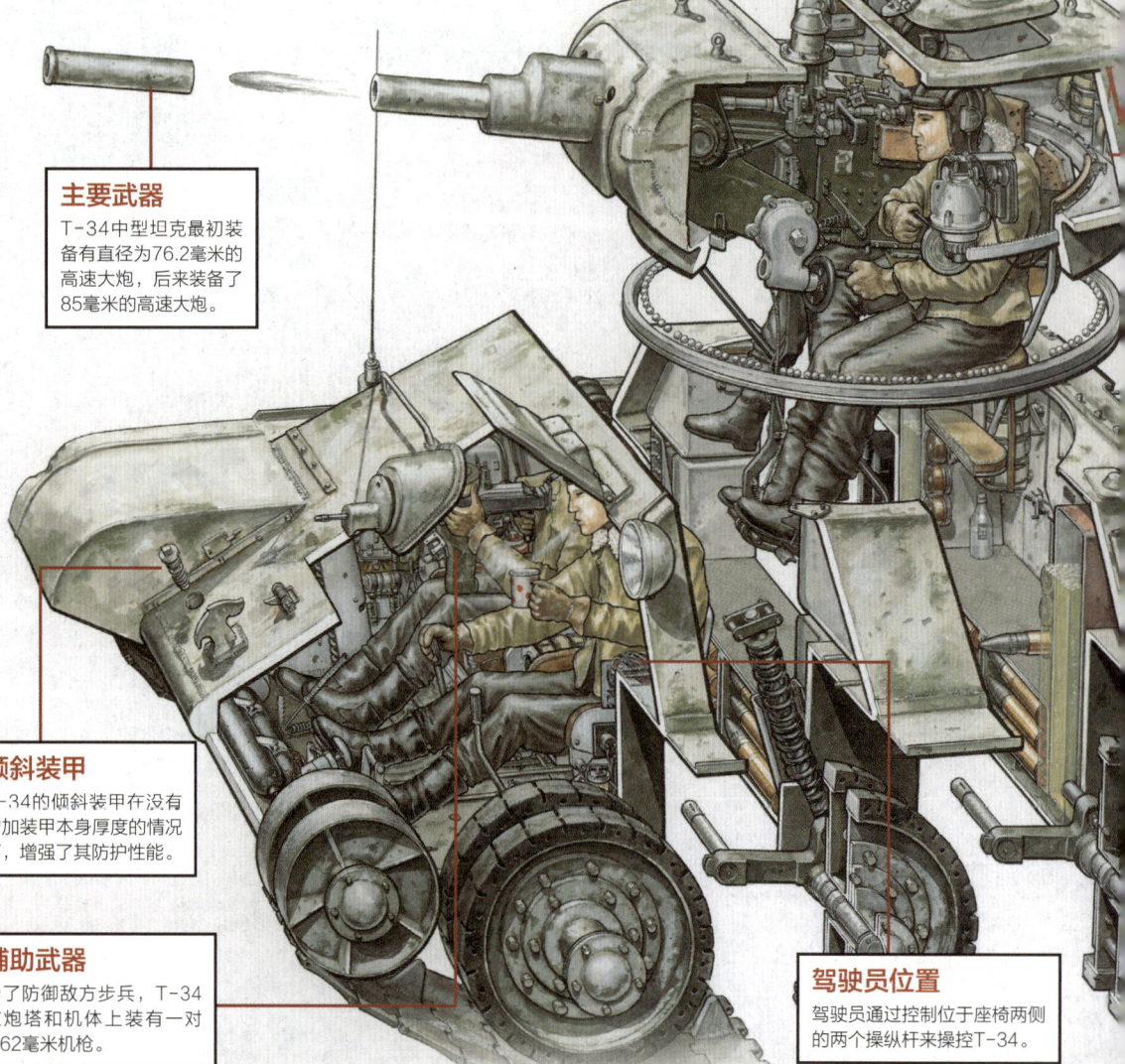

主要武器
T-34中型坦克最初装备有直径为76.2毫米的高速大炮,后来装备了85毫米的高速大炮。

倾斜装甲
T-34的倾斜装甲在没有增加装甲本身厚度的情况下,增强了其防护性能。

辅助武器
为了防御敌方步兵,T-34在炮塔和机体上装有一对7.62毫米机枪。

驾驶员位置
驾驶员通过控制位于座椅两侧的两个操纵杆来操控T-34。

> 纳粹对犹太人和共产主义者如此残忍，怎不令人痛心疾首……无人能够接受如此卑贱的待遇。但是谁敢反抗他们呢？
>
> ——1941年6月，维尔纳一位名叫玛莎·罗尼卡斯的居民日记

红军的看家武器

苏联T-34坦克被认为是第二次世界大战中最强大的坦克

炮塔
早期T-34的紧凑型两人炮塔需要指挥官瞄准主炮，因而作战效率大打折扣。

宽履带
T-34坦克的宽履带为坦克的底盘提供了足够的稳定性，并且大大增强了越野性能，在积雪或泥泞的地形中更能突显其优势。

内部空间狭窄
就人体工程学而言，T-34的内部空间并不理想，因为其机组人员需要长时间在狭窄的空间里操作。

悬挂系统
T-34坦克的悬挂系统由美国人沃尔特·克里斯蒂设计，该悬挂系统在第二次世界大战的苏联坦克中很常见。

发动机
T-34坦克由V-2-34和V-12柴油发动机提供动力，动力可达500马力，最高时速可达53千米。

进攻受挫

巴巴罗萨计划的第一阶段已经结束，希特勒和他手下的将军们此时必须做出判断。未来有三条可能的进攻路线：一是挥师直指莫斯科，二是北上力争攻下列宁格勒，三是向南直奔有苏联粮仓之称的乌克兰。在此过程中，希特勒否决了众将的意见。按他的说法，他认为攻占巴库的油田和哈尔科夫的苏联工业中心才是重中之重。希特勒的战略选择无疑将会削弱对莫斯科的进攻势头。不过，当时希特勒作为战争统帅仍然令部下深信不疑，他们都认为他最善于把握战局。

8月的大部分时间里，随着不断错失彻底击溃苏联红军的良机，德军内部的反对意见不断高涨。而这正好给了红军喘息之机。8月中旬，200个师的生力军被调往西部，这样一来，德军在人数上就处于下风了。不过，虽然苏联红军兵力占优，但在随后进行的基辅战役中，苏联红军却经历了有史以来最大的一次惨败。列宁格勒从9月中旬被包围，每天有300多名平民死于饥饿，人们只好靠吃猫、狗和鸟苦苦支撑。

台风行动

德军东路军在北方及南方战场都打了胜仗，现在到了他们对莫斯科发起致命一击的时候了。莫斯科以南200千米的维亚济马被占领，加里宁和布良斯克也相继失守。

莫斯科陷入一片恐慌，200万人逃离首都，苏维埃政府也迁至向东800千米的古比雪夫（现为萨马拉）。危机之时，有一个人临危不乱，他就是乔治·朱可夫元帅。此时，日本不再对苏联远东地区构成威胁，这在一定程度上要归功于1939年朱可夫元帅在诺门罕战役中大胜日军。朱可夫元帅从东部军区调动了90万生力军奔赴西部战场抗击德军。德军东路军距离莫斯科城门仅65千米之遥，但德军的进攻再也无法前进一步。苏联的战略是借助生力军的力量，竭尽全力攻击那些已经筋疲力尽的德军。在远离柏林的地方，德国情报部门开始力不从心。德军高级司令部严重低估了苏联可以召集的生力军，按照他们的预测，苏联红军最多有50个预备师，而实际上红军的后备力量远多于此。到了11月中旬，秋雨已经停歇，泥泞的沼泽已经变硬，这使德军得以重新发动大规模的进攻。苏联红军为保卫自己的首都拼死血战，战斗的激烈程度可想而知。此时转机来了：苏联迎来了140年来最寒冷的冬天。

▲ 莫斯科战役期间，一辆带有德军标识的德国坦克

> 就所有军事目的而言，苏联都难逃一劫。英国希望德国两线作战的梦想化作泡影。
> ——1941年10月9日，纳粹党卫军第一装甲师指挥官塞普·迪特里希

▼ 一名国防军士兵密切关注着苏军的动向，以防他们突袭

寒风肆虐着穿过防护头具和手套，犹如针刺刀割一般。眼睛疼痛难忍，泪水直流，几乎什么也看不清。

——德国国防军将军哥特哈德·海因里希

冰天雪地

　　苏联人为严寒天气做好了准备，专门为将士配备了过冬的棉服和特种部队——包括滑雪部队和用于运送枪支和大炮的雪橇。而德军方面却并未准备这些东西。由于希特勒对短时间内拿下苏联信心十足，德国兵根本没有配备可抵御严寒的冬装，可想而知，结果是毁灭性的。口粮冻得硬邦邦的，炖菜变成了冰块，发动机因缺少防冻剂而失灵，暴风雪肆虐，令德国空军无用武之地。德军冻伤非常严重，有14000名士兵由于冻伤被截肢。不仅如此，德军东路军的补给车队也因恶劣天气陷入瘫痪。12月5日，苏联红军将88个师的兵力全部投入长达800千米的战线，苏联红军的反击给德军造成沉重打击，极大地削弱了他们的士气。不过，希特勒绝不肯就此认输，刚愎自用的他命令冯·博克元帅坚守阵地。在苏联红军的猛攻之下，德国边防军伤亡不断，损失惨重，令希特勒大发雷霆。希特勒重组了德军领导层，冯·伦德斯泰特、冯·布劳希奇和冯·博克均被免职。京特·冯·克卢格晋升为陆军元帅，而希特勒本人接任最高统帅。但是，德军换将并未取得预期的效果，随后不得不下令撤退，德国装甲部队向西撤退322千米，退回到台风行动最初的出发地。巴巴罗萨计划以失败告终。

拉多加湖生命线

希特勒垂涎列宁格勒已久，因为这座城市是共产主义的中心（1917年十月革命的中心地带）。如果德军能够攻陷列宁格勒，无疑会是意识形态意义上的胜利。8月30日，纳粹指挥部决定围困列宁格勒，切断了这座城市与苏联其他地区的铁路和陆路交通。列宁格勒的唯一机会在于拉多加湖，该湖本就是天然的屏障，将德国和芬兰的军队隔开。1941年11月，湖水结冰，卡车可以通过冰冻的湖面将给养运送到城中，缓解城中粮草不足的问题。不过，从湖面运来的资源不足以维持这座城市生存需要的所有给养，好在这里有高速公路，列宁格勒才得以苦苦支撑下来，经过900多天的围困，于1944年1月被解放。

▼ 因当地居民英勇抗敌，坚忍不拔，1945年苏联政府将列宁格勒命名为"英雄城市"

希特勒为何落败

在战争初期,"巴巴罗萨行动"的先头部队深入苏联,杀死或俘虏了数百万苏联红军士兵,纳粹德国节节胜利。不过,阿道夫·希特勒未能处理好关键的几个问题,导致德国国防军由攻转守,实力日益衰落,最终在东线落败。希特勒求胜心切,一心想速战速决,却低估了苏联人的斗志和约瑟夫·斯大林钢铁般坚定不移的决心。

1941年秋天,战局开始发生变化。无论是从战略上还是战术上,希特勒都打乱了德军进攻的势头,给了苏联红军反击的机会。之后,雨水、泥泞和大雪似乎永无尽头,纳粹德军遇挫。1941年的冬天,苏联异常寒冷。德军只有夏装,根本无法抵御凛冽的寒冬,无数德军士兵丧失作战能力,甚至被活活冻死。发动机和武器的故障率极高,德军机械化部队寸步难行。克里姆林宫距离德军不到20千米,德军装甲部队的指挥官透过望远镜可将其看得清清楚楚。

次年夏天,当希特勒的德军装甲部队直逼斯大林格勒和高加索地区的油田时,等待他精锐的第6集团军和以往所向无敌的德国国防军的只有死亡和毁灭。最终,苏联军队发起反击并向西推进,最后攻入柏林。在东线前线,希特勒的战线过长,已经超出了他的能力范围,他本人和他统治世界的梦想都将灭亡。

国防军号称总兵力为

134 + 73

个师　　　　　　　　　个师
（战斗能力充足）　　　（部署在战线后方）

350万德国军队

 30万芬兰军队

 100万德国盟国的友军

5万斯洛伐克军队

 25万罗马尼亚军队

德军拥有

3580辆坦克　　　2700架飞机

50万辆卡车　　　7184挺门炮

攻陷基辅俘虏了
66.5万名战俘
884辆坦克
3000门炮

 80%的德军士兵是在东线战场阵亡的

> 德军的撤退与当年拿破仑大败的场景如出一辙，同样死伤无数。
>
> ——1941年12月22日，冯·克卢格麾下任职于第四军团的哥特哈德·海因里希将军

迪耶普突击战

法国迪耶普，1942年8月19日

1942年夏天，第二次世界大战的战局看起来对同盟国非常严峻。虽然纳粹德国入侵英国可能不再可行，不过在东线战场上，德国国防军在苏联领土上长驱直入，而当时日军在太平洋地区横行。在德军的进攻下，苏联红军节节败退，斯大林格勒被德军围困数月。纳粹德国宣传部长约瑟夫·戈培尔大力宣传德国的决心，旨在将欧洲大陆掌控在纳粹第三帝国的势力范围之内。就在斯大林向西方求助的时候，英军也要摆脱敦刻尔克大撤退给他们带来的心理阴影，杀回欧洲大陆，狠狠教训纳粹德国了。

当时普遍认为纳粹第三帝国的西北边界防守最为薄弱，是最佳攻击对象。同盟国的将领们并非没有道理，因为德国国防军最精锐的部队正

在东部前线与苏联红军交战。守卫诺曼底海岸线的轴心国部队都是由稚气未消的新兵组成，他们还没有做好参战的准备。守卫迪耶普的德军第302步兵师基本是靠盟国的友军来充门面，所以此地是纳粹德国防线最薄弱的地区之一。盟军将这座滨海小镇视为在法国占领区建立立足点的理想地点，并在此地展开对德的第一次两栖攻击。该计划从1940年就开始酝酿了，目的非常简单明确：击败德国守军，建立军事防线，摧毁港口，然后撤走。迪耶普突击战将是一次重大的军事行动，旨在打开法国西海岸的大门，为将来的进一步进攻做准备，这项计划最终演变成"霸王行动"。这次行动的主力为加拿大第2步兵师的加拿大士兵，他们成为加拿大对同盟国对德作战的最大贡献之一。英国和加拿大两国政府都热切希望来自新大陆的部队能获得战斗经验，而迪耶普突击战即为绝佳的机会。加拿大罗伯茨少将负责指挥在1941年末参战的加拿大部队，他依靠军事训练，使新兵达到训练标准，树立了威信。新的练兵计划以英国怀特岛为基础，无疑是正确的，在迪耶普突击战之前不仅鼓舞了士气，更是增强了参战士兵的战斗力。远在加拿大的人们得知本国军队终于亲临欧洲战场，无不振奋不已。

戴姆勒"澳洲野狗"装甲车

盔甲
这款装甲车的装甲最初不够厚，不过在后来的型号中增加了30毫米的倾斜装甲，以保护车辆能够抵御大多数炮火的攻击。

作用
"澳洲野狗"装甲车是一种两人乘坐的装甲车，用于侦察和在沙滩上快速运送官兵。

越野
"澳洲野狗"装甲车的越野性能出众，其时速可达88千米/小时，战争期间共制造了6000多辆。

缴获
"澳洲野狗"装甲车只是盟军在迪耶普突击战中缴获的车辆之一，因为逃跑的军队留下了无数的丘吉尔坦克、设备和武器。

开辟新的西部战线

这个主意不错，不过前景堪忧。当时德国已经占领法国很长一段时间，而且德国国防军在整个海峡对面广筑工事，根基颇深。英国皇家空军自然可以为迪耶普突击战提供空中掩护，不过德国空军的实力还是令人忌惮。最初的作战代号是"开辙犁行动"，这是联合作战总部的想法，蒙哥马利将军和温斯顿·丘吉尔首相本人也给出了意见。这次攻击行动经过了严格的反复演练，直到蒙哥马利将军满意为止。7月4日，他终于批准了此项军事行动。但由于天气的原因，行动一拖再拖，终被取消，作战代号改为"朱比利行动"。此时，蒙哥马利被调到北非指挥战局，迪耶普突击战改由联合作战总指挥路易斯·蒙巴特勋爵筹划，计划在8月19日对迪耶普的德军发起进攻，这是潮汐水情适合英军进攻的最后一天。

具体作战的变化不只是更改作战代号名称这么简单，袭击行动的性质也改变了。尽量减少空军轰炸，这样英国人将来还可以使用该港口，空袭仅针对优先打击目标。用火力轰炸海岸线时，优先轰炸驱逐舰，其次才是战列舰。跳伞行动被取消，在主力部队突袭守军之后，突击队队员将乘坐炮艇抵达。同盟国的兵力将从英格兰南部的南安普敦和纽黑文之间的五个港口出发。突击队在凌晨发动进攻，紧随其后的是工程师和拆除人员，他们将拆除电话线、铁轨和发电站及专业设备，特别是普尔维尔的雷达站。

从理论上来说，"朱比利行动"看起来的确不错。不过，相比之下，实际上德军的准备工作做得比英军要充分得多，而英国方面还不知道这种情况。英国关于德国阵地的情报充其量不过是中流水平而已，更令人难以置信的是，英军情报部门关于机械化部队是否适合进攻海滩的报告，居然是依据古老的节日照片做出的。糟糕的是，

▲ 德国修建的加拿大战争公墓位于迪耶普以南5千米处，以纪念在突袭中捐躯的英勇士兵

法国间谍已经警告德国国防军的将领们，提防英国突击迪耶普。因此，德军用铁丝网堵住了海滩出口，修筑了带有碉堡的混凝土工事，并在海岸线上竖起路障。而且德军的4个机枪营已经得到消息，正严阵以待，随时准备反击来犯的同盟国军队。

突击开始

当盟军于8月19日凌晨3点接近海岸时，加拿大军队的4963名士兵可能还在想着颇有些意思的巧合，因为1632年第一批法国移民正是从迪耶普动身前往新法兰西。不过，留给加拿大官兵的时间可不多了，突击行动已全面展开：第一阶段，突击部队黎明时分袭击博尼维尔和瓦朗吉维尔的炮兵阵地；第二阶段，对港口展开全面进攻。行动规模如此之大，以至于需要常规部队人员来增援突击队。为了不走漏消息，政府特批了

▲ 除了战俘，德军还缴获了盟军的坦克及其他武器装备

最低限度的空中掩护。美国"游骑兵"特种部队的50名特种队员也会加入英国和加拿大的进攻部队。这是战争期间在欧洲德国占领区作战的首批美国军人。

同盟国的第一批部队还没登岸，英国护送船队就已经遇到了麻烦：一小队德国军舰发现了皇家海军并开火攻击。虽然德军的火力被压制，但战斗唤醒了守卫在迪耶普的德军，德国守军的人员已经各就各位，准备应战。英军错过了一个让敌人措手不及的良机，登陆艇迟了一步，冒着碉堡中MG34机枪喷射出来的弹雨才到达岸边。由于失去了黑暗的掩护，对海滩的攻击要比预想的艰巨得多。主导进攻海滩中央地带的第三突击团从一开始就陷入困境，只有18人到达了计划的地点。他们很快被悬崖峭壁上连续不断的炮火压得喘不过气来，顶着德军的火力，20位突击队队员冒死攻入距离德军火力180米的地方，利用他们的狙击步枪压制德军的攻击，为协助同盟国的

英军也要摆脱敦刻尔克大撤退给他们带来的心理阴影，杀回欧洲大陆，狠狠教训纳粹德国了。

军队登陆海滩立下了汗马功劳。在海岸作战的部队状况也好不到哪里去。普伊斯一带，狭窄且陡峭，而且布满铁丝网，进攻此地的加拿大皇家步兵团一片混乱，根本无计可施，在阵亡200人之后，他们被迫投降。事实表明，德军火力实在太强，加拿大军队想撤退也是不可能的。这是加拿大军队在整个战争期间所遭受的最惨重的伤亡。

在普尔维尔海岸一带，加拿大南萨斯喀彻温省团和女王的卡梅伦高地人团取得了更大的成功，他们越过了西埃河上唯一的一座桥（不过登陆的方向错了），向陆地上的德军阵地发起进攻。他们的进攻目标是德国占领的一处机场，不过未达目标就被迫撤退了。第4突击队的战绩最出色，按计划登陆并摧毁了德军国防军在瓦朗吉维的6座火力强大的15厘米口径大炮，然后在上午7点半安全有效地撤离。他们是唯一完成所有作战目的的突击队。

同盟国

部队人数： 6106人

伤亡人数： 4384人

统帅
路易斯·蒙巴顿勋爵、约翰·汉密尔顿·罗伯茨爵士

扭转战局的关键
新建的英国突击队训练有素，加拿大军队也渴望参战，并且是突击队的主力。

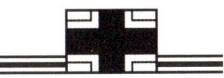

德国人

部队人数： 1500人

伤亡人数： 591人

统帅
陆军元帅格尔德·冯·伦德施泰特、康拉德·哈泽陆军中将

扭转战局的关键
德军控制迪耶普已经有两年了，有天险可守，并且此地驻防的德国国防军坚决捍卫这座"欧洲要塞"。德国步兵的防守非常顽强。

▲ 德国国防军装备了MG32机枪和柄状手榴弹，在与同盟国交战时占了上风

03 登陆
同盟国军队登陆的海滩周围环绕着嶙峋的白垩峭壁。突击队包围了德国炮兵阵地,狠狠压制住了对方的火力,但依然无法拿下海滩。

01 到达
在夜幕的掩护之下,同盟国的252艘军舰于当天凌晨3点抵达迪耶普港附近海域。扫雷艇在前面开路,负责扫清去往港口海滩沿途的障碍,其他军舰尾随其后,几乎悄无声息。在16千米长的海滩上,同盟国的部队分别部署在5个不同的登陆点。

再次突击

最开始的袭击大多已经失败,但随着凌晨5点20分核心攻击的开始,行动仍有成功的希望。进攻由第14装甲团(即"卡尔加里团")、埃塞克斯苏格兰团和皇家汉密尔顿轻步兵团主导,一批新的丘吉尔坦克部署在海滩上,目的是通过破除围墙和摧毁防御阵地来挫败德国的抵抗。不过,英军的运气实在不佳,58辆坦克中只有27辆成功上岸。令人尴尬的是,由于海滩地面松软,坦克的履带受损严重,许多坦克都困在海滩上动弹不得,只能暴露在敌军的枪口下,等待被击毁。对于终于通过海滩松软地面的15辆坦克,德军连喘息的机会都不给。在机枪的猛攻之下,坦克受到重创。同盟国军队进攻不利,其中伤亡最惨重的是加拿大工程师,他们竭尽全力试图修复受损的坦克履带,结果在机枪的扫射下纷纷丢了性命,共有31名皇家工程师阵亡。不管丘吉尔坦克到底有多大威力,由于海上驱逐舰无法提供足够的火力支援,只能眼睁睁地看着坦克被德军一一击毁。

并非所有的战斗都发生在海滩上,市中心的战斗也很激烈。同盟国军队试图攻下德军一处防御严密的阵地,这里原来是赌场,后来成为纳粹军队在该地区活动的中心。战场烟雾弥漫,并且缺乏从海滩传回的情报,突击行动的指挥官们未能采取恰当行动。其中一条信息导致罗伯茨改变了战术,他命令预备队皇家卫队加入战斗。由于作战命令是匆匆下达的,全军上下都不明所以,结果增援部队几乎对突袭没有任何帮助。11点,同盟国的各部受命撤离。

减少损失

撤退足足持续了三个小时,英国皇家海军

▲ 被俘的同盟国军数量惊人,有2000多名战俘被送往纳粹战俘营

冒着德国国防军和德国空军的猛烈攻击,艰难撤退。剩余能作战的丘吉尔坦克虽然动弹不得,但也为撤退的同盟国士兵提供了火力掩护。在完成掩护任务之后,坦克机组人员被德军从坦克中拖出来俘虏。盟军虽然得到"卡尔佩号"、"弗尼号"、"伯克利号"和"奥尔布莱顿号"四艘驱逐舰的火力支援,但依然无法压制住德军的火力。尽管同盟国军队已经尽了最大的努力,但在9个小时内,共有3367名加拿大军人与275名英国突击队队员阵亡、受伤或被俘,占参加此次突

德军碉堡中的 MG34 机枪弹如雨下，登陆艇的登岸之战可谓艰苦至极。

击任务总人数的73%。同盟国军队还损失了一艘驱逐舰（英国皇家伯克利驱逐舰），550名海军在此役中阵亡。英国皇家空军损失了106架飞机，而德国空军只损失了48架飞机。在整个"二战"中，这是英国皇家空军单日损失飞机数量最多的一天。相比之下，德军伤亡人数要少，只有591人阵亡；另外，海滩上同盟国军队无法带走的军事装备全都被德军缴获。幸运的是，轴心国士兵并没有对同盟国的舰队穷追不舍。不过，悲惨的是，同盟国军队的伤员无法同战友一起撤走，只能留在海滩，或是被敌军俘虏或是在涨潮时被卷入大海。

当天参战的两名加拿大士兵被授予维多利亚十字勋章。一位是皇家汉密尔顿轻步兵团的荣誉上尉约翰·威尔·富特（JW Foote），他不顾个人生死，在海滩上四处奔波照顾受伤的战友；

▲ 英国的坦克完全不适合诺曼底的卵石滩地形，很多坦克在碎石滩上动弹不得

▲ 德国国防军医疗队的一名卫生员为受伤的英国士兵实施急救

此次突击行动遭遇惨败，举世轰动。加拿大第二步兵师伤亡惨重，令加拿大举国震惊。

另一位是南萨斯喀彻温省团的梅里特中校，他勇敢地领导部下通过普尔维尔桥。他们两人都被德军俘虏。

代价惨痛

迪耶普突击战失败后，同盟国军队总指挥部在听取战情报告之后，发现了失利的症结所在。除了军事行动规划欠妥、现场指挥不利之外，运气也很糟糕，"朱比利行动"以失败收场不足为奇。加拿大第二步兵师突击失败且伤亡惨重，令加拿大举国震惊。被俘的加拿大士兵被送往波兰的第8号战俘营，"二战"结束前一直被关押在那里。战俘营的生活苦不堪言，看守对待战俘非常残暴。迪耶普突击行动失利，其深远影响远超许多人的想象。同盟国认为，此次突击任务之所以失败，是因为蒙巴顿将军的战前准备不足。其实，真正的责任在于三支部队的参谋长，他们在推进登陆行动时都过于草率。当时，蒙哥马利将军和艾伦·布鲁克爵士这些经验最为老到的统帅的心思全都在北非战区，而迪耶普的作战计划似乎还没有筹划周全，总指挥蒙巴顿将军的经验相对还不足。令很多人困惑的是，加拿大士兵是此次军事行动的主力，可不知为何，无论是"开辙犁行动"还是"朱比利行动"，都没有加拿大军队的指挥官参与行动规划。

此次行动，在法国海岸阵亡的加拿大及英国士兵超过1000名。不过，同盟国军队高层不会再犯同样的错误了。通过此次行动，他们认识到需要更多的空中支援，并开发了专门的登陆艇，增强了海军舰艇的火力，并且在获取情报和制订计划方面也积累了更多的经验。他们还针对未来的军事行动规划了更好的沟通机制，而且，必须制订备用计划，必须汲取迪耶普突击失利的经验教训。到1944年6月6日诺曼底登陆时，同盟国军队未再重蹈覆辙。

诺曼底登陆

法国诺曼底，1944年6月6日

登陆

6月6日诺曼底登陆时同盟国军队的部署情况

关键的王牌

- ⚙ 作战工程师
- ⊕ 秘密情报搜集
- 🚙 两栖中型坦克
- 🔫 轻步兵,多面手且可靠
- ✈ 空袭,轻步兵
- ☾ 特种部队,接受过沿海突击的专门训练
- ‖‖ 步兵,特种部队
- 🛡 步兵,快速坦克
- 💥 扫雷,架桥和运输

空军总司令:
空军总司令马歇尔·特拉福德·利·马洛里

美第一集团军
指挥官:奥马尔·布拉德利将军

第7军
指挥官:柯林斯少将

第四步兵师:"常春藤师"
指挥官:雷蒙德·巴顿少将
目标:第一批登陆犹他海滩的部队

第9步兵师:"老靠谱师"
指挥官:曼顿·艾迪少将
目标:占领并守住犹他海滩

第79步兵师:"洛林十字架"
指挥官:艾拉·T.威奇少将
目标:占领并守住犹他海滩

第90步兵师:"硬汉"
指挥官:杰伊·W.麦凯尔维准将
目标:占领并守住犹他海滩

30名"红印第安人"突击队队员(英国)
指挥官:派克上尉
目标:拿下杜夫尔-拉代利夫朗德的雷达站

第70坦克营:"雷霆特工队"
指挥官:中校约翰·C.韦尔伯恩
目标:为在犹他海滩登陆的部队提供支持

第237战斗工程师营
指挥官:赫歇尔·E.琳恩少校
目标:清除犹他海滩的地雷和障碍物

第299战斗工程师营
指挥官:弥尔顿·朱厄特上校
目标:清除犹他海滩的地雷和障碍物

犹他海滩

第5军
司令:伦纳德·汤姆逊·杰罗

第1步兵师:"大红1师"
指挥官:克拉伦斯·休布纳少将
目标:占领并守住奥马哈海滩

第29步兵师:"蓝灰师"
指挥官:查尔斯·格布哈特少将
目标:占领并守住奥马哈海滩

游骑兵突击队
指挥官:科洛中尉

第2游骑兵营
指挥官:詹姆斯·厄尔·鲁德尔中校
目标:攻下奥克角的炮台

第5游骑兵营
指挥官:马克斯·施耐德中校
目标:攻下奥克角的炮台

第743坦克营
指挥官:约翰·S.阿帕姆中校
目标:支援奥马哈海滩登陆

霍特角

奥马哈海滩

▲ 当登陆艇接近奥马哈海滩时,美军士兵们将目光投向海岸

内陆

第82空降师
"全美之师"
指挥官:马修·里奇韦少将
目标:确保第6军的左翼和后方安全

第101空降师
"呼啸之鹰"
司令:马克斯韦尔·D.泰勒少将
目标:确保第6军的左翼和后方安全

霍特角悬崖上的美军突击队员

指挥架构

- **最高指挥官**：艾森豪威尔将军
  - **总司令**
    - 海军：伯特伦·拉姆齐海军上将
  - **总司令**
    - 陆军：马歇尔将军
    - 蒙哥马利元帅

德怀特·戴维·艾森豪威尔将军
美国，1890—1969

生平简介：艾森豪威尔当时是欧洲盟军最高司令，后来任美国总统。为了促成诺曼底登陆，他费尽心思地与政客们打交道，安抚包括温斯顿·丘吉尔在内的这些自尊心受到伤害的大人物。

第2集团军（英军/加拿大军）
指挥官：迈尔斯·邓普西中将（爵士头衔）

第30军
指挥官：杰拉德·布克纳尔中将

第50（诺森布里亚）步兵师
指挥官：达赫·格雷厄姆少将

- **第69步兵旅**
  - 目标：占领并守住黄金海滩
- **第151步兵旅**
  - 目标：占领并守住黄金海滩
- **第231步兵旅**
  - 指挥官：亚历山大·斯坦尼尔准将（爵士头衔）
  - 目标：占领并守住黄金海滩
- **第56步兵旅**
  - 目标：占领并守住黄金海滩
- **第8装甲旅**
  - 指挥官：约翰·S.厄珀姆中校
  - 目标：支援黄金海滩登陆
- **第47（皇家海军）突击队**
  - 指挥官：菲利普斯中校
  - 目标：占领贝辛港
- **皇家海军陆战队第1装甲支援团**
  - 目标：支援皇家海军突击队
- **第89皇家工程兵野战中队**
  - 目标：清除黄金海滩滩头出入口的地雷和其他障碍
- **第90皇家工程兵野战中队**
  - 目标：清除黄金海滩滩头出入口的地雷和其他障碍

黄金海滩

加拿大第3步兵旅
指挥官：罗德尼·FL.凯勒少将

- **加拿大第7步兵旅**
  - 目标：占领并守住朱诺海滩
- **加拿大第8步兵旅**
  - 指挥官：哈里·威克怀尔·福斯特准将
  - 目标：占领并守住朱诺海滩
- **加拿大第2装甲旅**
  - 目标：支援朱诺海滩登陆
- **第79装甲部队（英国）**
  - 指挥官：珀西·霍巴特少将（爵士头衔）
  - 目标：清除地雷并支援朱诺海滩登陆
- **加拿大第9步兵旅**
  - 目标：作为后备军，支援朱诺海滩登陆

朱诺海滩

指挥官：伦尼少将

- **第八旅（突击旅）**
  - 目标：占领并守住剑海滩
- **第9旅**
  - 目标：占领并守住剑海滩
- **第185旅**
  - 指挥官：史密斯准将
  - 目标：占领并守住剑海滩
- **皇家海军陆战队第5装甲支援团**
  - 目标：支援剑海滩登陆
- **第27装甲旅**
  - 指挥官：乔治·埃罗尔·普赖尔普-帕默准将
  - 目标：支援剑海滩登陆
- **英军第1突击旅**
  - 指挥官：洛瓦特准将（勋爵头衔）
  - 目标：夺取德军重要的防御工事
- **第4特勤队**
  - 指挥官：莱斯特准将
  - 目标：确保剑海滩侧面的安全

剑海滩

早上6:30，浑浊的灰色海水向他袭来，背包和肩膀都向前倾斜，他重重地摔了一跤。他走得跌跌撞撞，身后战友的身体压迫而来，根本顾不上他是否失去了平衡，脑子里只有他们收到的命令和头顶上子弹的呼啸声和隆隆的炮声，远处沙地里的机枪咔嗒咔嗒扫射个不停。一只手猛地托起他的肩膀，把他扶起来，又就势一推，让他继续向前。他根本听不清大家在喊什么，不过他马上就明白了：如果不继续前进，他就只能死在这里。

疾风吹过，吹开了运输机的舱门，运输机像大风中孩童的风筝一样扭来扭去。随着德军的枪炮声，跟踪器的火焰照亮了周围的天空。黑暗之中，士兵们抽着烟，沉默不语——有些人在暗自祈祷。命令刚一发出，红灯闪烁。士兵们齐刷刷地站起身来——香烟熄灭，祈祷未完。他们跳了下去，法国领土就在下方等着他们。

就在同一天晚上，也许就在美军第101空降师的"呼啸之鹰"在黑夜里从诺曼底上空的飞机上跳下之前的三四十分钟，英国首相温斯顿·丘吉尔从窗口转过身来。虽然丘吉尔是个夜猫子，但对他的妻子克莱门汀而言，他显得焦躁不安。克莱门汀实在太了解他了，所以才会注意到他的心神不宁。"你知道吗？"丘吉尔从口中抽出雪茄，突然问道，"你知道吗？明早一觉醒来的时候，可能已经有两万士兵被杀了。"丘吉尔担心同盟国军队可能会伤亡惨重，这与美军部队率先从飞机上跳伞登陆海滩不无关系。自从1941年12月美国参战以来，罗斯福总统要求对占领法国的德军进行反攻的呼声就越来越强烈，丘吉尔一直在尽力拖延这一请求，仍然把精力集中在北非和意大利战区。在丘吉尔看来，意大利是轴心国的"软肋"，但从美国的角度来看，英国这么做纯粹是为了保护它自己的殖民地。

如果说英国在第一次世界大战中遭受的重大伤亡令丘吉尔心神不宁，那么他的恐惧就改变了他的战略自负。就像英军在土耳其加利波利的阵地一样，意大利更不好对付，这个所谓的"软柿子"其实是易守难攻的多山半岛。而在苏联方面，斯大林给丘吉尔施加的压力也越来越大，他要求开辟第二战场，为在天寒地冻的苏联东部抵御德军大屠杀的苏联红军分担压力。

要说这场战争的长期目标——其中许多目标，比如大英帝国的去殖民化和全额偿还英国所欠的巨额战争贷款，丘吉尔还是勉强承认的。不过，对于该怎么与纳粹德国打这场仗，他却自有主张。1943年8月，罗斯福总统和丘吉尔首相在魁北克会议上发表了演讲，令民众欢欣鼓舞。与此同时，美国陆军参谋长乔治·卡特利特·马歇尔也呼吁同盟国跨过海峡，进攻纳粹德国的积极拥护者。在大英帝国总参谋长艾伦·布鲁克爵士的日记中，他将盟军高层的此次会议描述为一次"痛苦难熬的会见"。丘吉尔首相提议的方案是盟军在希腊诸岛、巴尔干半岛乃至挪威开辟战场，但在马歇尔将军看来，这就是一派胡言。最后马歇尔将军索性下了最后通牒：要么英国支持对德军发起全面反攻，要么美国放弃"先打败德国"的战略，集中力量在太平洋击败日本。在极其保密的情况下，"霸王行动"开始的日期定为1944年5月1日（后来改为同年6月6日）。登陆地点选在诺曼底，而非布列塔尼或科唐坦半岛，因为后两个地方都很容易让盟军陷入敌军的包围。加来是英法之间距离最近处，不过此地防御也最为严密。艾森豪威尔将军被任命为盟军远征

诺曼底登陆堪称人类战争史上最大的两栖军事行动。

部队最高司令部司令官,实际上盟军在欧洲的所有军队都归他管辖。而英国将军伯纳德·蒙哥马利被任命为第21集团军司令,参加最初进攻行动的39个师都归属此集团军。

诺曼底登陆堪称人类战争史上最大的两栖军事行动,登陆区域从最初计划的三个扩大到五个。美军在犹他海滩和奥马哈海滩登陆,然后一个小时后,英军和加拿大军队在黄金海岸、朱诺海滩和剑海滩登陆,覆盖的法国海岸线长达80千米。先是盟军先头部队通过跳伞和滑翔机在更靠内陆的地区降落,然后在海军炮火的支援下,15万盟军从海上登陆诺曼底。美国第82空降师和第101空降师的3万名士兵,还有第6空降师的加拿大及英国军人从天而降,他们要确保关键的桥梁和十字路口的安全,建立能派上用场的河流渡口,并摧毁德军炮兵。

随着诺曼底登陆计划的日益推进,丘吉尔首相发现自己无法直接联系上罗斯福总统,而之前他与对方可是以"老兄弟"相称的。这个时候,与他打交道的只有脾气火暴的马歇尔将军,也就是该战略的设计师。这令首相大人倍感焦虑。"首相大人当时看起来疲倦不堪,令人大吃一惊。"时任丘吉尔私人秘书的乔克·科尔维尔这样写道。

丘纳德公司经过改装的库纳尔客轮开始运送货物,包括所需的人员和装备,加紧备战。英格兰南部地区,形成一大片卡其色的军队营地。1944年1月至6月,有70万美军抵达英国,英国

陆军元帅 伯纳德·劳·蒙哥马利
英国,1887—1976

生平简介 蒙哥马利元帅是德国隆美尔将军的死对头,在"霸王行动"(即诺曼底登陆行动)期间,是盟军地面部队的指挥官,但因未能攻占诺曼底最大的城市卡昂,他遭到了美国将军们的严厉批评。

希特勒和他手下的将军仍然执迷不悟，认为盟军最有可能进攻的地方是加来，于是在此部署了重兵。

各地驻扎的总兵力增至288万。其中有大约5%的兵力将参加诺曼底登陆行动，其余的兵力将参加后续的战役。1942年11月，当第一批美军抵达北非时，他们还是新兵，刚接受过基础训练，却信心满满。他们的学习任务繁重，训练成本也极高。虽然为诺曼底登陆做准备的将军们并没有如此大规模的两栖登陆的经验，但他们却拥有在西西里岛和意大利两栖登陆的作战经验。第一次大规模演习暴露出盟军在系统性方面的不足，鉴于此次行动规模如此之大，这对盟军来说简直就

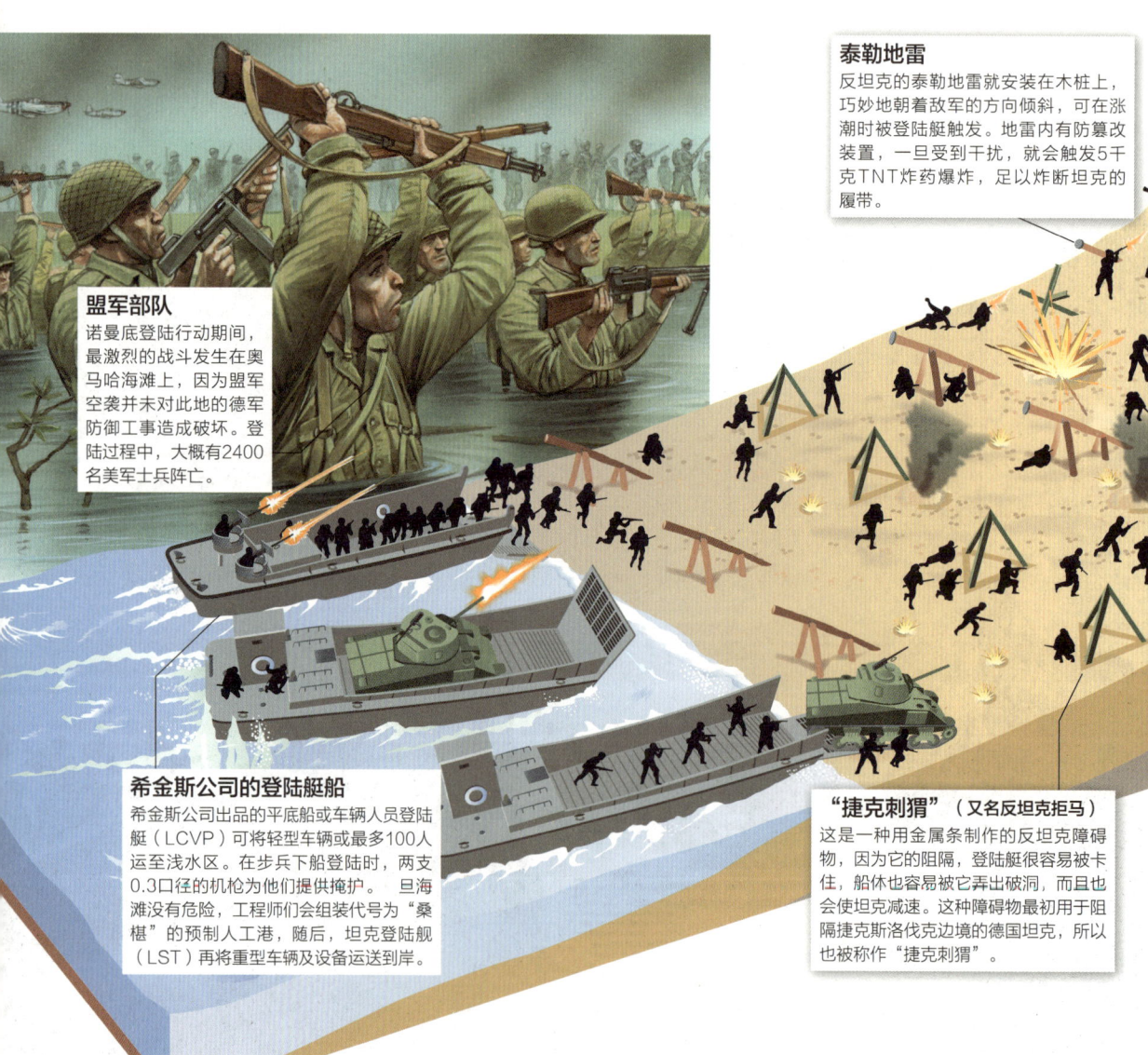

泰勒地雷
反坦克的泰勒地雷就安装在木桩上，巧妙地朝着敌军的方向倾斜，可在涨潮时被登陆艇触发。地雷内有防篡改装置，一旦受到干扰，就会触发5千克TNT炸药爆炸，足以炸断坦克的履带。

盟军部队
诺曼底登陆行动期间，最激烈的战斗发生在奥马哈海滩上，因为盟军空袭并未对此地的德军防御工事造成破坏。登陆过程中，大概有2400名美军士兵阵亡。

希金斯公司的登陆艇船
希金斯公司出品的平底船或车辆人员登陆艇（LCVP）可将轻型车辆或最多100人运至浅水区。在步兵下船登陆时，两支0.3口径的机枪为他们提供掩护。旦海滩没有危险，工程师们会组装代号为"桑椹"的预制人工港，随后，坦克登陆舰（LST）再将重型车辆及设备运送到岸。

"捷克刺猬"（又名反坦克拒马）
这是一种用金属条制作的反坦克障碍物，因为它的阻隔，登陆艇很容易被卡住，船体也容易被它弄出破洞，而且也会使坦克减速。这种障碍物最初用于阻隔捷克斯洛伐克边境的德国坦克，所以也被称作"捷克刺猬"。

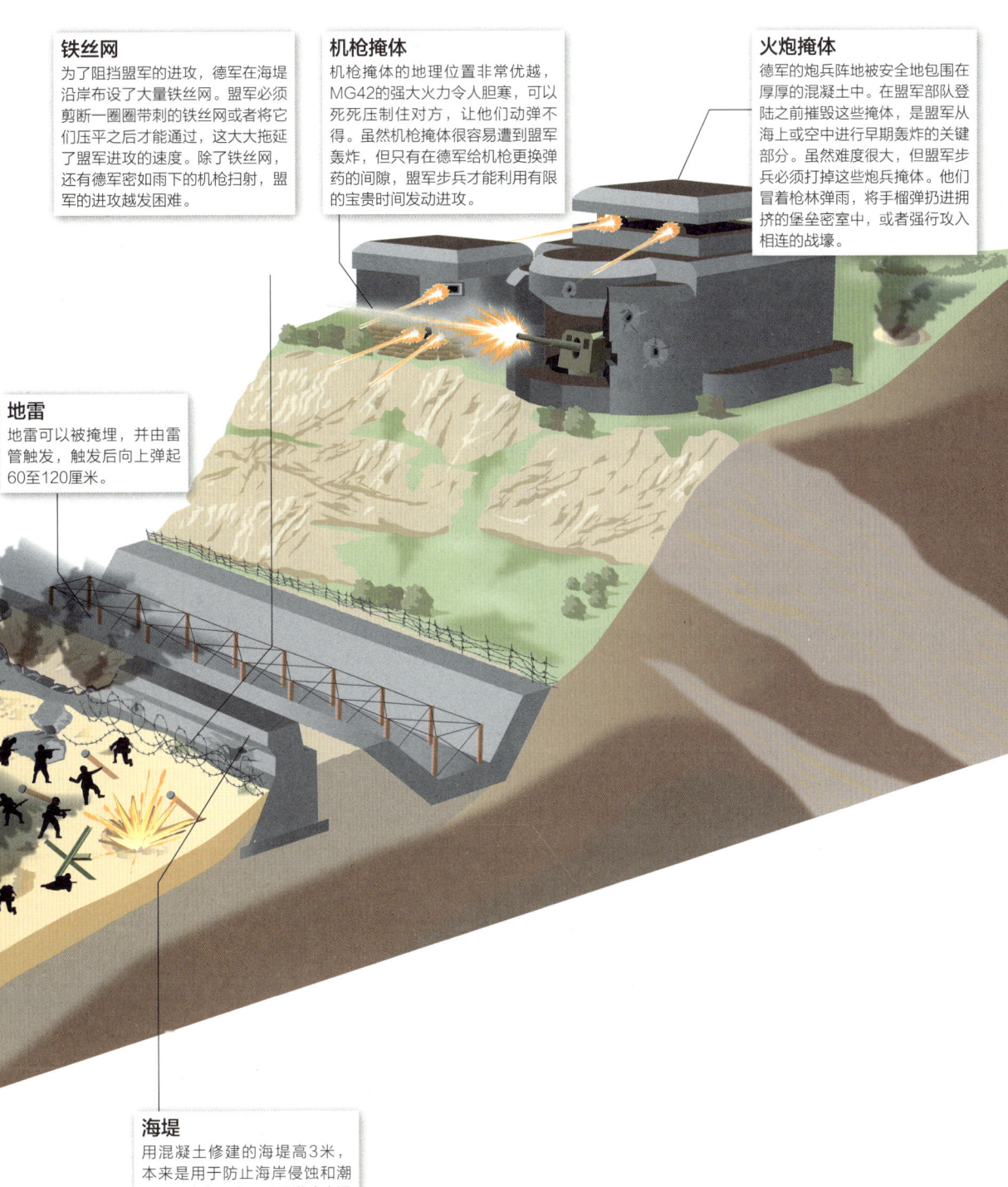

陆军元帅 埃尔温·隆美尔
德国，1891—1944

生平简介

隆美尔有传奇的"沙漠之狐"之称，德军在北非取得的一系列胜利，都是他运筹帷幄的结果。在他的监督之下，德军布设了数百万枚地雷和数千个坦克陷阱。隆美尔坚信盟军会在诺曼底登陆，只可惜整个德军高层，和他想法一样的实在是少之又少。

只有两种人

曾经参加过诺曼底登陆行动的约瑟夫·阿尔真齐奥记得："我们团长泰勒上校一进来就开始大喊：'在这个海滩上只有两种人，死人和将死之人，我们赶紧离开这个鬼地方。'工程师们炸开了带刺的铁丝网之后，我们开始了行动，一路奋勇向前，朝德军的炮兵掩体冲去。"

是一场灾难，诺曼底登陆这一军事行动也因此险些被取消。盟军之所以选择在德文郡的普顿沙滩登陆，是因为它与犹他海滩非常相似。1944年4月22日，3万名士兵在坦克和登陆艇的支援下，准备抢滩登陆，突破德军防守。

诺曼底登陆最初几天的重点是装船，军官们把他们的军事装备都装在船上，然后在4月28日开始了第一次全面攻击。

为使参战人员熟悉轰炸的场景和爆炸声，艾森豪威尔下令此次演习使用实弹。按计划，"霍金斯号"重巡洋舰应该是在军队登陆前炮击海滩。但由于一些舰船没有跟上进度，负责此次演习的海军将领决定将原定计划中的各事项都推迟60分钟。可是，不知何故，并非所有登陆艇都收到了计划有变的通知。所以，一些不幸的士兵按原计划时间进攻海滩，结果正赶上"霍金斯号"重巡洋舰炮轰此处，导致308人阵亡。

更糟糕的是，当晚，由"杜鹃花号"战舰护航的坦克登陆舰队已经从普利茅斯向斯莱普顿沙滩进发，为的是模拟如何穿越海峡。"杜鹃花号"战舰在前，8架登陆艇在后，就像鸭子过河一样，呈一列纵队穿过莱姆湾。就在这时，黑暗中浮现出德军鱼雷快艇的轮廓，它们用鱼雷向盟军的舰艇发动攻击。德军这种性能出众的高速鱼雷攻击艇经常在英吉利海峡附近四处游弋，本是进行例行巡逻，结果因为觉察到英国无线电信号

他在人群中走来走去，与尽可能多的人握手。他与人握手时，都要和对方说上几句话。

格尔德·冯·伦德施泰特元帅
德国，1875—1953

生平简介

他是德国国防军在比利时和法国的指挥官，预计盟军会对加来发动进攻，并从海岸撤出装甲部队。在希特勒看来，他很大程度上就是个傀儡，他的指挥权并不牢靠。

火力

在诺曼底登陆当日，盟军和防守的德军均使用了大量不同的武器，如上图所示的步枪；双方在海滩争夺战上还使用了反坦克武器、火焰喷射器、手榴弹、霰弹枪和机枪。

▲ 诺曼底登陆之前，艾森豪威尔将军在英国与伞兵们交谈

高得不同寻常，所以一路追踪来到莱姆湾。因为不愿暴露莱姆湾的防御状况，以免让德军察觉此地防守如此严密，在"杜鹃花号"战舰孤身抗敌时，岸上的盟军炮兵强忍着没有援助，结果导致两艘登陆艇沉没，两艘严重受损。"杜鹃花号"战舰上的官兵没有想到坦克登陆舰上的美国军官是在不同的无线电频段上，所以准备很不充分，救生艇拖了好一会儿才下水。惊慌失措的士兵们把救生衣穿错了方向，结果因为背包过重，很多人脸朝下被淹死。记录显示，这次盟军共有198名水手和551名士兵丧生，但在把所有尸体都打捞起来之前，盟军一直惊恐不安，生怕有熟知诺曼底登陆计划的军官被俘，在德军的逼问下招架不住，泄露作战机密。但"霸王行动"并未泄密，因为盟军所有被俘的军官们都严守了秘密。希特勒和他手下的将军们仍然执迷不悟，坚持认为盟军最有可能进攻的目标是加来，于是在此地集中了重兵防御。但有"沙漠之狐"之称的德国陆军元帅埃尔温·隆美尔于1944年初被派往法国，以加强防御力量，他发现了诺曼底的防御存在漏洞。令盟军的军事策划者们感到震惊的是，隆美尔已经收集了令人惊讶的详细的航拍图，并截获了布莱奇利公园破译密码的车辆，还有来自法国抵抗军的地面信息——最新的图像显示，在滑翔机预定降落的地方，挖得到处都是洞。隆美尔利用他的军事知识，在这些洞里填满木桩，并与地雷相连，整个着陆区域就变成一个死亡之网，一旦轮子触地，就会引发爆炸。德军还在海滩上布了更多的地雷，铺设了更多铁丝网，到处挖战壕，将水引入地势低洼处，以防飞机降落。很显然，有利于盟军成功发动进攻的机会可能转瞬即逝。不仅如此，气候条件也不利于盟军行动。根据英国皇家空军气象专家的建议，盟军被迫将行动日期推迟到6月6日，这一天皓月当空，能见度很高，并且处于低潮期，便于盟军部队在远离隆美尔的雷阵的地区登陆。如果盟军不趁此机会尽快采取行动，则要再等数周才能有合适的机会。但到时恐怕为时已晚，因为不仅可能会有暴风雨，而且也会让德军更有防备。

与此同时，在法国占领区，德国气象学家们也预计会有一场暴风雨，不过他们非常有信心地认为暴风雨降临法国的时间要早得多。所以，隆美尔回德国给他妻子过生日，并面见希特勒恳请给他调拨更多的坦克部队。希特勒本人对"纵深防御"战术深信不疑，因此将麾下最精锐的军队调回到内陆，以便展开反击，而隆美尔元

愚蠢的希特勒

"卫士行动"是精心策划、多管齐下的欺骗行动的总称，盟军各部都涉足其中，并且还冒险启用了英国军情五处最有价值的双重特工。

肯特一带到处都是充气式坦克和飞机，令德国侦察机难辨真假，以为盟军会攻打海峡对面的加来。而且盟军还对加来实施空袭，让德军误以为盟军会进攻此地。不仅如此，"看似可信赖"的德国特工情报网实则是在为英国情报部门工作，他们不断地给德军提供假情报。从双重特工的情报来看，显然盟军意图攻打法国比斯开湾，而在埃及制造有大量军队的假象，让德军轻而易举地破获无线电信息，误以为盟军计划攻打克里特岛和巴尔干半岛。一直到盟军发动诺曼底登陆行动，希特勒本人和许多德军高级将领都认为诺曼底不过是盟军的障眼法而已。另外，盟军在加来一带空投了各种仿真的军事装备，真假难辨，更是令德军信以为真。

德军防守情况

要塞
武器： 要塞通过战壕与混凝土隧道与一些碉堡相连，部署了大量的火炮和机枪，还有步兵射击阵地。

混凝土和钢筋筑成的铜墙铁壁，坦克和轻型火炮对它们根本无计可施。通常由全副武装的党卫军而非常规的国防军士兵来把守，因此防守者往往会死战不休。

为守住法国港口，死守阵地，容易遭受敌军攻击。

碉堡
武器： 最常用机枪，不过也可用反坦克炮或迫击炮。

碉堡是用混凝土和钢材筑成，小型火炮和坦克的炮火无法穿透。

狭小的空间使他们容易受到火焰喷射器、炸药包和手榴弹的攻击。

雷区
武器： 通常将反坦克地雷和杀伤性地雷（也称作"跳雷"，这种地雷会射向半空中并射出弹片）混合布设，许多弹片附在绊网或混凝土反坦克障碍上。

除了破坏力巨大之外，地雷还可以延缓敌军的前进速度，并消磨敌军的士气。

由于流沙不断移动，地雷会移动位置或埋得更深，因此被引爆的可能性降低。

帅和其他一些将领则认为，最好的作战方式莫过于主动出击，让敌军在海岸范围之内无处立足。根据自己在北非和意大利的作战经验，"沙漠之狐"隆美尔将军深知，决不能让盟军站稳脚跟，否则很难抵挡住他们的进攻。

1944年6月5日早上，备战的盟军既兴奋又焦虑。在英格兰各处的飞机场上，人们涂掉了运输机上的标志，而在波涛汹涌的英吉利海峡，英国皇家海军的扫雷舰争分夺秒，疯狂地清除海上路线的障碍。晚上10点，正当第101空降师的空降部队坐在英国皇家空军格林汉姆公共机场等候的时候，艾森豪威尔将军不期而至。"他们个个看上去都年轻勇武"，他的司机凯·萨默斯比回忆说，"我就站在车旁，看着将军在士兵中走来走去……凡是和他握手的士兵，他都要跟对方说上几句，并祝他成功。"艾森豪威尔将军后来坦言，"与士兵交谈时看着对方的眼睛真的很难做到，很怕自己亲手将这些鲜活的生命送上一条不归路。"

当艾森豪威尔在跑道之间快速穿行时，艾伦·布鲁克爵士在他的日记中表达了自己的恐惧之情，"这很可能是整个战争中最可怕的一场灾难。我祈祷上苍，希望这一切都能够平安地过去。"

早上6点左右，灰色的晨光中枪声大作，仿佛死亡的号角，第101空降师的士兵整个上午都在浴血奋战。一位士兵和伙伴在阵地分散了，自己加入了一个特遣队，到处都是人，他根本分辨不出来谁是谁。每隔几分钟，都要紧急对口令，问语"闪电"！答语"雷霆"！对上才行，更多

诺曼底登陆作战数据

300 架飞机轰炸了诺曼底海岸

5000 艘船只运兵

150000 名盟军将士参战

6 个空降团

13000 名伞兵

20000 每日空投20000吨补给

50000 吨汽油

30000 此次军事行动动用了30000辆车

800 架运输机

10000 6月6日，10000名德军士兵阵亡

448000 吨弹药

的伞兵陆续加入他们的队伍。不管队伍的头儿是不是自己的上级，也不管跳伞着落时是不是扭伤了脚踝，这些都不要紧，关键是他们确定了目标。海滩出口很安全，在犹他海滩登陆的军队可以集中力量对付他们前方的敌军，而不用担心敌人藏在角落。

当第8步兵团的一名士兵撞上犹他海滩时，他感觉肺部生疼，呼吸沉重，他蹲伏在一处斜坡下——德军防御工事的机枪火力暂停的间隙，可以在此暂避。战友的尸体漂浮在水中或面朝下趴在他身后的沙地中。盟军军官们不断地发出进攻命令，士兵三五成群慢慢集结，然后继续向前。有人点起了烟，有人开着玩笑放松心情。接下来还有仗要打。他慢慢吐了口气，背起背包，开始前进。

几个小时之后，远在英国的温斯顿·丘吉尔得到了下议院的热烈支持。他的面色终于柔和下来，嘴角洋溢着笑意。可以暂别争权夺利的幕后争斗，历经艰难险阻，挨过前一夜极度痛苦的恐惧，这位老将终于重返了战场。"我还得向下议院宣布，"他低沉地说道，嗓音愈发洪亮，"在昨夜和今天凌晨，我们计划的一系列欧洲大陆登陆行动终于揭开了第一战的序幕……"

关于诺曼底登陆你不知道的15件事

D表示什么？为何以此命名？
诺曼底登陆如此命名，看似平淡无奇，实在自有妙处。D-Day表示"日期"，H-Hour表示"具体时间"——早在第一次世界大战期间，美国陆军在简报中就是这么用的。

▲ 诺曼底登陆时，动用了数量惊人的车辆

微型遥控坦克
德军部署了被称为"甲壳虫"的微型遥控坦克。这种坦克个头很小，有跟踪系统，装满了烈性炸药，可由操纵杆引导进入坦克群或密集的步兵中。但这种微型坦克作战效果有限。

空军支援
对澳大利亚皇家空军和新西兰皇家空军而言，1944年的太平洋战争才是他们的作战重点。但他们也尽力为盟军的诺曼底登陆行动提供了空中支援。

▲ 英国士兵们正在检查三只被缴获的"甲壳虫"微型坦克

▲ 在萨里郡的英国皇家空军雷德希尔机场，澳大利亚的一架喷火式（Spitfire）战斗机空袭法国北部后返航归来

其他盟友

一支自由法国抵抗组织的队伍和一支波兰西部武装部队参加了诺曼底战役。

敌方

在诺曼底行动过程中,守卫诺曼底的德国部队并非孤军战斗。担任海岸防御任务的德国国防军第243师和第709师包括苏联战俘,还有来自波兰和格鲁吉亚的应征士兵和志愿者。

一位身着德国陆军制服的苏联哥萨克志愿者,与其他在诺曼底参战的人没多大区别。

▲ 波兰坦克部队的战士环顾四周

诺曼底登陆只是起点

诺曼底登陆行动之后,战斗又持续了两个月,盟军最终于1944年8月攻陷巴黎。"霸王行动"不仅限于海滩登陆作战,还事关解放法国全境的大局。

填字游戏有阴谋?

《每日电讯报》曾刊出一个填字游戏,而这个游戏的一系列答案——朱诺(Juno)、剑(Sword)、金(Gold)、奥马哈(Omaha)和桑树(Mulberry),正好是盟军计划登陆港口的代码,另外还有"海王星"(海军进攻的代码)和"霸王"这样的代码。一直到诺曼底登陆行动之前,英国军情五处都在调查这些是不是可能存在的安全漏洞。后来查明这纯属巧合,这个填字游戏是一位校长编的,他邀请男孩子们到他的书房,在网格中填下单词。这位校长之前的两个学生在战后发表讲话时透露,这些密码在盟军军营里无人不知,只有地点和时间未知罢了。

艾森豪威尔将军做好了失败准备

艾森豪威尔将军曾准备发表演讲,如果诺曼底登陆行动失败,他将在发表演讲时引咎辞职。他说:"我们的部队,无论是空军还是海军,都勇往直前、恪尽职守。如果此次行动失利,所有责任都由我承担。"

▲ 1944年8月26日,自由法国抵抗组织的坦克带领盟军穿过凯旋门

▲ 德怀特·戴维·艾森豪威尔(摄于1943年)

希特勒的自杀性U型潜水艇

盟军在展开诺曼底登陆行动时,希特勒命令各U型潜水艇前往诺曼底并发射鱼雷,然后撞击盟军战舰同归于尽。但这些潜水艇根本没机会靠近盟军战舰,执行自杀性袭击任务也就无从谈起了。

诺曼底行动差点功亏一篑

英国军情五处的一名双重间谍——德国出生的约翰尼·耶布森(代号艺术家),参与过"卫士行动",知道整个计划就是诡计。1944年4月29日,他在葡萄牙遭德国人绑架,被带到柏林,在盖世太保总部历尽酷刑,然后被送到一处集中营(他进入集中营时肋骨骨折),从此再没有他的音讯了。他至死都未提诺曼底登陆的秘密。

▲ 第二次世界大战初期的德国U型潜水艇

将战俘送到得克萨斯的战俘营

从诺曼底登陆日到诺曼底战役，美军每个月将3万名德军战俘送往美国得克萨斯州的战俘营，这是美国最大的德国战俘集中地。

小型潜艇带路

盟军使用两艘X级四人潜艇来标记剑海滩和朱诺海滩的外部界限。相关人员在6月4日乘潜艇抵达，潜艇一直潜伏在水下，直到6月6日凌晨4点半，他们使用带灯的桅杆引导英国军舰进港。

曾参加诺曼底登陆的名人

在诺曼底登陆行动中，《麦田里的守望者》的作者杰罗姆·大卫·塞林格是美国陆军通信兵团的一员，《星球大战》和《桂河大桥》的演员亚历克·吉尼斯是诺曼底登陆艇的船员，《星际迷航》的演员詹姆斯·杜汉是加拿大陆军的军官，也是最早冲上朱诺海滩的军人之一。

▲ 亚历克·吉尼斯爵士（摄于1973年）

▲ 1944年，自由法国抵抗组织的一名成员与一名美军士兵在一起

法国抵抗军全力以赴

在诺曼底登陆行动前夕，法国抵抗军提交了关于德国在诺曼底驻防情况的3000份书面报告和700份电报。而且就在诺曼底登陆行动的前一天晚上，他们发动了一场袭击，切断了电话线，炸毁了弹药库，刺杀了纳粹高级军官，摧毁了德国的火车，使德军援军受阻。

从河口到海滩

诺曼底登陆行动使用的平底登陆艇是新奥尔良商人安德鲁·希金斯发明的，本是用于穿越路易斯安那州的沼泽地带。艾森豪威尔将军赞扬他是"我们赢下这场战争的功臣"，希特勒也称他为"新诺亚"。

▲ 美军士兵从"希金斯"平底登陆艇上下来

在海岸线上
硫黄岛是越岛作战的一部分，旨在让美军进入日本的腹地。8个营的3万名海军陆战队队员在跨度1.6千米的海滩上登陆。美国海军陆战队第4师到达岛的中心，在海军陆战队第5师的左侧。

包围美国海军
为了确保美国海军陆战队获得最大的成功，美国第5舰队派出6艘战舰包围硫黄岛，对岛上目标连续轰炸3天。但由于日军修建的地下工事非常坚固，破坏效果不佳，却将海滩炸得一塌糊涂，加大了美军进攻的难度。

死亡人数
虽然硫黄岛战役对美军来说算不上损失惨重，但这仍然是一场非常血腥的战斗。6821名海军陆战队士兵阵亡，另有1.8万人受伤。日军情况更糟，全岛驻军几乎全军覆没。

向内陆进攻
黑色的火山灰非常松软，给美军前进造成了大麻烦。两栖登陆车辆陷在火山灰中动弹不得，日军机枪通过瞄准器能够轻而易举地瞄准暴露在陆地上的海军陆战队队员。不仅如此，海滩也不是挖散兵坑的理想选择，因此很难找到地方隐蔽，美军死伤人数不断攀升。

日军栗林忠道中将的防守策略
守岛日军知道美军即将攻来，但硫黄岛面积实在太小，除了防御，别无出路。日军狙击手遍布全岛，凭地势之利得以隐蔽和防御。

硫黄岛战役

硫黄岛，1945年2月19日至3月26日

当希特勒统率的德军在欧洲战场上挣扎时，美军已经在东亚地区对日军展开了进攻。硫黄岛位于日本东京以南1220千米处，是一处偏远的火山岛，全岛面积仅21平方千米。岛上有两处机场，对美国的太平洋战争计划至关重要。美军的B-29远程轰炸机在轰炸日本占领区方面非常有效。如果美军能够拿下硫黄岛，战斗机就能够为轰炸护航。日军深知该岛的重要性，修建了四通八达的地下隧道和642个碉堡，整个硫黄岛的防守犹如铁桶一般。但这并未吓退美军，经过72天的猛烈轰炸，美军于2月19日开始夺岛战斗。上午8:59，美国海军陆战队第4师和第5师冲上黑沙海滩，结果发现之前对岛上的炮击并未取得预期的效果。岛上厚实的岩石里密布隐蔽的防御工事，机枪和迫击炮的火力非常猛烈。美军登陆的海滩很快一片狼藉：到处是扭曲的金属和燃烧的车辆。为了避免交叉火力，海军陆战队暂避于浅浅的散兵坑中。当日美军有2500名士兵阵亡，堪称美国海军陆战队历史上伤亡最惨重的一天。在这座火山岛上，双方的激战持续了数天，最令美国海军陆战队头疼的是日军四通八达的隧道系统。美军的阵地每天只能推进几百米，每当一处坚固的工事被美军攻陷时，日军就利用地下洞窟从另一个角度攻击美军。美国海军格外当心日本神风敢死队的袭击，因为后者的破坏力极大。2月21日，美军护航航母"俾斯麦海号"被击沉，318人阵亡。

折钵山占据硫黄岛南端的制高点，经过多日血战，美军于2月23日终于占领了折钵山，山顶上升起了美国国旗。就在这一天，美国海军陆战队第3师加入战团，陆战队第4师和第5师实力大增。如此一来，参加夺岛之战的美国海军陆战队总人数达到了7万人，相对日军守岛人数，形成压倒性优势。经过数周的激烈战斗，3月25日晚上，岛上的日本残部只剩下300人。日军别无选择，在栗林忠道中将的指挥下，背水一战。美军彻底粉碎了日军自杀式攻击的最后疯狂，硫黄岛战役就此结束。参加夺岛之战的美国海军陆战队队员伤亡人数达到三分之一。相比之下，日军更惨，阵亡人数超过两万人。美军共计颁发了27枚荣誉勋章。硫黄岛之战，日军死战到底的凶悍斗志令美国将军大为震惊，日后美方之所以决定在广岛和长崎投放原子弹震慑日军，与这一战有一定关系。

美国海军陆战队第3师、第4师和第5师

部队人数：11万

舰船：880艘

"疯狂咆哮"的霍兰·史密斯上将
统帅
他是美国两栖战争之父，曾经历第一次世界大战的洗礼。
优势：在使用先进武器方面经验丰富，并且大力使用先进武器。
劣势：和其他人一样，笃信只需四天就能拿下硫黄岛。

M4A3谢尔曼喷火坦克
作战部队
这些经过改装的谢尔曼M4A3坦克配备了喷火器，射程为150米，可喷射60秒。
优势：可有效肃清日本隧道。
劣势：只有8辆M4A3谢尔曼坦克装备了马克I（Mark I）火焰喷射器。

火焰喷射器
关键武器
一个装有汽油和凝固汽油弹混合物的便携式背包，可随时发射火焰。
优势：火焰所及之处，可一举消灭数十名步兵。
劣势：燃料背在士兵背上，易燃易爆，很危险。

02 日军防守
硫黄岛多是丘陵和岩石。但海滩前方是大片的空旷地带，这增大了美军从海滩登陆进攻的难度。日军修筑的地下工事四通八达，栗林忠道中将正是从这里发号施令、指挥战斗的。日军的弹药和燃料储备非常充足，但要命的是，缺乏淡水供应。海滩陡峭，沙子松软，对于进攻的美军非常不利。

01 第一轮轰炸
从2月19日凌晨2点开始，轰炸机和战舰共向硫黄岛投掷了6800吨炸弹和2.2万枚炮弹。攻击虽然猛烈，但对目标打击却不够精准，未能动摇日军的斗志。

03 海军陆战队登陆
虽然此战美军伤亡惨重，但最终夺岛成功。美国海军陆战队第4师和第5师在硫黄岛的东南侧登陆，在折钵山以东一带，两军将一起发动进攻。68辆配有75毫米榴弹炮的履带式登陆艇作为先头部队，随后美军如潮水般冲向海滩。

04 美军进攻
海滩一片狼藉，到处都是扭曲的金属器件，步兵乱作一团。眼见敌人陷入混乱，栗林中将命令发射信号弹，日军集中一切火力阻击美国海军陆战队。

05 "俾斯麦海号"被击沉
交战过程当中，美国海军一直都在为美国海军陆战队提供炮火支援，但日军应对这种威胁自有办法，他们向美军舰队发动了毁灭性攻击，击沉了"俾斯麦海号"。

10 长达34天的鏖战

北海道首次在美国轰炸机的射程之内,战局对美国越来越有利。在硫黄岛,预计仍有3000名日军在地下洞穴中,6月,又有867名日军士兵被俘。令人难以置信的是,有两名日军在此地一直坚持到了1951年。

09 胜利在望

美军出动飞机协助进攻的效率越来越低,美国海军陆战队开始在没有空中支援的情况下展开进攻。美军第147步兵团到达之后,硫黄岛开始变成防御要塞。然而,直到3月21日,由栗林中将亲自领导的最后一击才被彻底粉碎,硫黄岛之战终于结束了。

08 空中支援

在整个战斗中,F4U舰载战斗机(代号"海盗")一直低空轰炸日军阵地。这些飞机飞行高度极低,简直就是"机身贴着海滩"飞行。执行硫黄岛轰炸任务的,除了F4U舰载战斗机之外,还有B-24轰炸机(代号"解放者")和P-51战斗机(代号"野马")。

07 美国海军陆战队第3师援军到达

美国海军陆战队第3师本是后备力量,为确保拿下硫黄岛,他们也加入了战争。在美国海军陆战队还没太搞明白日军修建的隧道系统时,日军就趁机重新占领了美军攻下的掩体。此时第3师来援,非常及时。虽然硫黄岛的面积仅为曼哈顿面积的三分之一,但霍兰·史密斯上将仍不得不上岸亲自督战。

06 折钵山

美军经过苦战之后,从海滩撤退,接下来战局向有利于美军的方向转变。他们向西南进发,直取折钵山。在这座170米高的山上,有一个七层高的日军防御工事,给养和武器装备充足。美军凭借海军的火力支持,于第四天攻陷折钵山,将迎风飘扬的星条旗插在了折钵山的峰顶。

第109步兵师

部队人数:2.3万人
舰船:无

栗林忠道中将
统帅

栗林忠道中将曾是骑兵军官,他为人机智,善于隐忍,禁止手下士兵孤注一掷、白白送死。

优势:摒弃了过去导致日军失利的战术。

劣势:不按常规战术作战,令他手下的军官不安。

日本95式Ha-Go轻型坦克
关键作战部队

这是一种较小的轻型坦克,与略大一些的97式坦克配合使用。

优势:隐藏在沟壑中,以便最大程度地发挥攻击作用。

劣势:火力远不及美军的谢尔曼坦克。

320毫米超口径弹迫击炮
关键武器

战场上新出现的这种巨大迫击炮,令美国海军陆战队胆寒。

优势:巨大的炮弹会给散兵坑造成重创。

劣势:精度差,更多起的是震慑对方的作用。

图说历史上著名的 20 次背水一战

激战当中,破釜沉舟也许最能表现英雄主义的壮志豪情。无论是决心捍卫荣誉,还是誓死保护他人生命,甚至是身处生死绝境,敢于与命运抗争,都是英雄的传奇之处。纵观历史,那些英勇不屈、背水一战的英雄人物实属少见,但足以在历史上占有一席之地。由此,我们不禁想起其中一些鼓舞人心的非凡之举,下文中所列堪称其中最出类拔萃者——从古希腊和波斯间的激战,到滑铁卢之战,再到20世纪的战争。

回顾军事史,我们会发现一些最勇敢的终结者。

▼ 卡斯特在山脊上的背水一战——后来此地被称为卡斯特山脊

小巨角河战役

1876年6月25日至26日

卡斯特将军的骑兵被印第安各部落联军压制，这是美军败得最惨的一仗。

防守方兵力： 约600名
攻击者人数： 约1800名
进攻优势： 人数占优，战士训练有素，武器种类繁多。
防御劣势： 沟通不畅，兵力分散，冲锋陷阵筹划不周。

小巨角河战役的交战双方是美国第1骑兵师第7骑兵团与达科塔苏族、北夏延印第安部落和阿拉帕霍印第安人部落结成的联军。当时正值大苏族战争期间，美国迫使印第安人进入印第安保留地居住，印第安人奋起反抗。1868年，拉科塔印第安人各部落的许多领导人接受了《拉勒米堡条约》，同意自己的部族放弃游牧生活方式。以往他们过这种游牧生活，常常免不了与其他部落及美国外来移民发生冲突。但包括坐牛党和疯马党在内的一些部落首领拒绝接受保留制度，导致美国政府将此事移交给军方处理。密苏里州西南军事指挥官菲利普·谢里丹将军制定了一项战略，想找到达科塔苏族和北夏延印第安部落，用武力逼迫他们回到大苏族保留地。总人数不到2500人的三支部队奉命协助——其中包括乔治·阿姆斯特朗·卡斯特中校所带领的第7骑兵团。但是，计划容易，实施却很难——三支随行的部队之间的沟通存在问题。更糟糕的是，印第安人游牧四方，踪影难觅，很难确定他们会在一处待多久，也很难知道他们接下来要去往何方。这场战争发生的时候，多个部落都聚集在蒙大拿州中南部的一个村庄里。

6月22日，卡斯特和他的第7骑兵团离开主力部队，从东和南两个方向逼近印第安人部落，以防印第安人四散奔逃。阿尔弗雷德·特里将军和约翰·吉本上校及他们的步兵和骑兵驻扎在北面，形成对印第安人的封锁。

卡斯特率领部下整夜行军，6月25日早晨，他们沿小巨角河到达距印第安原住民营地约20千米远的狼山附近。卡斯特最初的计划是先让部队隐蔽，等到黎明时分再发动攻击。但当他认为己方军队行动已经暴露后，就下令立即进攻。当时印第安人村中大约有8000名美国原住民，其中1800名是村里的战士。

卡斯特中校兵分四路，自己指挥210人。另一队由马库斯·里诺少校率领，遭遇夏延和苏族印第安战士的痛击，伤亡惨重，被迫迅速撤离。当他们后退时，印第安战士纵马开枪追击他们。卡斯特中校手下的士兵从另一侧进入村庄，结果大批夏延族和苏族印第安人向他们冲去，将卡斯特的队伍逼退到山脊上。

在疯马党的指挥下，印第安人将卡斯特及其部下围在中间。卡斯特命令手下士兵射杀马匹，然后将马尸堆起来用于防守。不过事实证明，他们没有得到足够的保护。仅仅一个小时，他们就全都战死了。

后果

美国军事史上最大的一场惨败,但也是印第安人的胜利。

第二天,特里将军和吉本上校率部来援第7骑兵团的残军。印第安人的营地就此解散,许多印第安人回到了印第安保留地。自此,印第安人的传统生活方式已基本终结。第二年5月,随着大苏族战争的结束,美洲土著势力的残余力量也被击败。

▶ 1863年,乔治·卡斯特将军穿着准将制服拍摄的照片,13年后他在小巨角河战役中阵亡

默兹·阿尔贡攻势

1918年9月

卢克中尉是美军最顶尖的一位飞行员,以击落敌方观察气球和驾驶战斗机的高超技术享誉盛名,他显然是无所畏惧的勇士。

弗兰克·卢克中尉(1897—1918)是美国亚利桑那州人,第一次世界大战期间美军最出类拔萃的飞行员之一。就在他英勇阵亡前三周内,先后击落了德军的14个观察气球和四架战斗机,这一记录在持续四年的第一次世界大战中无人能打破。他还曾抗命独自驾机作战,在军中赫赫有名。

他最后一次驾机执行任务是在盟军西线的默兹·阿尔贡进攻的第一阶段。卢克中尉独自驾机冲向云霄,在法国东北部默兹河畔附近深入敌后。当时,他不仅要对付追击他的八架敌机,还要躲避猛烈的地面火力,但他依然摧毁了敌军的三个观察气球。当他驾机低空盘旋时,不幸被机枪击中胸口,不得不将他的"斯帕德"XIII双翼战斗机降落在莫沃克斯村附近的田野中。在飞机降落的过程中,他还击中了六名德国士兵。

尽管卢克中尉身受重伤,但他还是拼尽全力爬出飞机,试图逃生,遗憾的是,他只挣扎了大概200米,就不支倒地。然后,他不顾一切地拔出左轮手枪,向最终找到并包围他的德国士兵开火,最后因胸部的枪伤而牺牲。他是美军有史以来第一位获得荣誉勋章的飞行员,被公认为美国空军最有胆有识、最活力四射的飞行员之一。

防守方兵力： 1人
进攻方兵力： 数百
攻击优势： 在法国紧急迫降飞机后，卢克中尉孤军作战，没有后援。
防御劣势： 王牌飞行员深入敌后9千米，身受重伤，飞机也没了自动电源。

▼ 弗兰克·卢克中尉站在他驾驶过的一架飞机的残骸前，这架飞机在一次击落敌方气球和飞机的成功冒险任务中被摧毁

瑞士卫队决战到底

1527年5月6日

罗马士兵：2万人；瑞士近卫军：183人

在击败法国侵略者后，由于罗马帝国查理五世爽约不支付军饷，罗马士兵怒不可遏，引发兵变，成千上万的叛军杀往罗马去掠夺财物并谋杀教皇克莱门特七世。

当叛军洗劫罗马时，负责保护教皇的瑞士近卫军人数很少，只有183名士兵，但他们依然在梵蒂冈圣彼得大教堂的台阶上结阵防守，阻挡叛军。多亏瑞士近卫军拼死保护，教皇才有时间逃生。最终，罗马城有1.2万人死于这场叛乱，意大利文艺复兴也由此终结。罗马皇帝与天主教廷之间的关系也陷入决裂，无法挽回。

▼ 罗马帝国士兵对罗马城的大肆抢掠在整个欧洲引起了公愤

卡尔巴拉之战

680年10月10日

这场战斗发生在今伊拉克境内。伍麦耶王朝哈里发叶齐德手下军队数千人,对阵侯赛因·伊本·阿里及其70名追随者。侯赛因和他的追随者因寡不敌众,全部罹难。

衣川馆之战

1189年6月15日

僧兵武藏坊弁庆站在衣川的吊桥上,凭一己之力阻挡敌方众人。在城堡内,他的领主因与自家兄弟争斗失败,切腹自尽。武藏坊弁庆连杀对方300多人,最后浑身中箭而死。

新加坡巴西班让之战

1942年2月13日

此役中,为了不让新加坡落入日军手中,1400名由马来西亚、英国及澳大利亚军人组成的多国联军抗击1.3万名日军。在此生死存亡之战中,马来西亚中尉阿德南·本·萨迪率领42人的队伍,对付数千名敌军。在他的指挥下,日军伤亡惨重。最后,日军用酷刑对他百般折磨并处决了他。

卡玫农战役

1863年4月30日

墨西哥军: 2500人(大约); 法国外籍兵团: 65人

1863年，在墨西哥普埃布拉被围困期间，法国外籍兵团第3连为法国向韦拉克鲁斯运送了一批物资。这支部队的任务是支持拿破仑三世的大业，他们还有个虽然并不正式但却令人胆寒的座右铭："我们宁死不降。"

让·丹茹上尉及其部下遭遇墨西哥军队伏击时，他们撤退到附近的庄园中，被困超过10个小时之久。法国外籍兵团的士兵背靠墙，战斗到只剩下最后五个人。士兵们上好刺刀，一边冲一边喊着"法兰西万岁"！最后两名法国士兵被俘，他们提出，投降可以，但对方必须接受以下条件：保留其军旗和武器，带走死者，并救治他们受伤的中尉。之后，每年4月30日，法国外籍兵团都会纪念这一英勇之举，并将这一天命名为"卡玫农日"。

黑斯廷斯战役

1066年10月14日

征服者威廉佯装不敌撤退，哈罗德国王的步兵紧追不舍，在旷野中遭伏。哈罗德及其侍卫死守在山脊上，等待威廉手下最后的攻击。关键时刻，英王哈罗德眼部中箭身亡，英军大败而退。英王侍卫护卫着他的尸体，战斗至死。

萨马岛海战

1944年10月25日

日军：4艘战列舰、6艘重型巡洋舰、2艘轻型巡洋舰、11艘驱逐舰、神风敢死队。美军：6艘护航航母、3艘驱逐舰、4艘护航驱逐舰、飞机

这场战争是海军史上实力最悬殊的一战。一开始，美国海军上将小威廉·哈尔西受敌所诱，误将敌舰当作日军主力，以为能够一举摧毁敌军主力，于是率强大的美国海军第三舰队加入战斗。为了保卫后方，他留下了名为"塔菲三号"（Taffy 3）的护航航母看家，这支分队由驱逐舰、护航驱逐舰和轻型航母组成，实力单薄。面对强大的日本舰队，留守美军舰队吓了一跳，他们没想到日军不退反进。"塔菲三号"的多艘驱逐舰向敌舰冲去，但大炮的攻击火力远逊于日舰。虽然美军舰艇损失惨重，但它依然继续发射深水炸弹、空中炸弹并持续向敌舰开火。日本舰队遭受打击，一时间摸不清美军虚实，误以为"塔菲三号"分队是哈尔西海军上将手下的精锐舰队，于是决定不再与之交战。正是因为"塔菲三号"分队的坚固防御，才使日军未能全面入侵菲律宾。

阿纳姆战役

1944年9月17日至26日

盟军的一小队伞兵陷入德军的包围中，在弹药不足的情况下，苦苦支撑了四天。

1944年夏天，攻破法国和比利时之后，盟军进攻德国的最后一道自然屏障就剩下了莱茵河。盟军急需攻克这一障碍，因此策划了"市场花园行动"。该行动由英国陆军元帅伯纳德·劳·蒙哥马利策划，是第二次世界大战期间最为大胆的计划之一。根据该计划，英美两国3万名空降兵在敌后空降，目标是攻占整个运河的八座桥梁。同时，英军的坦克和步兵计划杀出一条从盟军前线到这些关键桥梁的狭窄通路。如果成功，就可以减轻盟军空降兵的作战压力，帮助大部队顺利过桥。

计划空降的部队来自第一联合空降军，其中包括一个英国空降师和两个美国空降师。他们将跳伞降落到埃因霍温一带、奈梅亨和阿纳姆等城镇，目标是攻占当地的桥梁，如能拿下这些桥，盟军将会在军事上占据优势。

不过，等待盟军的并非坦途：盟军情报部门并不知道，纳粹党卫军的两个装甲师当时就驻扎在阿纳姆附近，坦克和车辆不计其数。不仅如此，盟军的飞机数量太少，无法一次运送所有的空降部队，空降任务需要三天才能完成，而且为了避开德军的高射炮，空降位置偏离目标11千米。如此一来，奇袭德军，杀对方一个措手不及的原定目标也就落空了。幸运的是，盟军空降任务还算顺利，但进军阿纳姆要棘手得多。

当盟军部队收好装备，朝阿纳姆进发时，德国国防军迅速重新部署，并组织力量阻击盟军部队。更为棘手的是，盟军很快发现他们的无线电收发装置无法正常工作，导致所有通信陷入瘫痪，根本没法协调攻击行动。跟随盟军飞机而来的盟军第30军也进展缓慢，未能到达任何桥梁。

尽管遭遇到德军的顽强抵抗，但一些美军还

后果

整个行动堪称灾难，英国伞兵异常英勇顽强。

在阿纳姆跳伞登陆的1万名盟军伞兵中，有1400人战死，6000多人被俘。只有部分空降部队士兵逃脱，乘坐小型橡皮艇安全渡过莱茵河到达南岸。尽管此役空降部队英勇不屈，但这对英军来说却是一段至暗时期。按照蒙哥马利将军原本的计划，是通过实施"市场花园行动"，在1944年12月之前结束战争，结果，盟军又花了四个月才成功渡过莱茵河，战争持续到1945年9月才结束。

▲ 从阿纳姆的下莱茵河（Neder Rijn）俯瞰大桥的照片——桥北端英军和被摧毁的德国装甲车依稀可见

是到达了指定的桥梁，然而，遗憾的是，桥梁已被摧毁。约翰·弗罗斯特中校率领英军700多名士兵穿过阿纳姆桥，占领了桥的北端。但他们的兵力太过有限，而且手头只有轻型武器。很快，他们发现自己与其他英军部队的联系被敌军切断，遭遇纳粹党卫军第9装甲师的包围。

在接下来的几天里，美军试图与在阿纳姆桥的英国盟军会合，但情况并不理想。英国空降兵在桥北端固守阵地长达四天。尽管基本物资短缺，与敌军相比人数悬殊，援军也迟迟不至，但英军依然坚守阵地。

等到第四天，英国伞兵的阵地终于失守。伞兵别无选择，只能撤退到欧斯特贝克村，此地有少量英军人员驻守。

盟军这次的军事行动超出了其能力所限，有人戏称这次行动就是为了"一座遥不可及的桥"。

防守者数量： 745人
进攻方兵力： 约8000人
进攻优势： 防线增强，火力和车辆都更胜一筹，兵力远超敌军。
防御劣势： 与友军其他部队分隔开来，只能孤军奋战，通信设备糟糕，给养和弹药均供应不足。

▼ 四名英国伞兵正穿过欧斯特贝克一座被毁的房屋，他们在阿纳姆失守之后从此地撤退

▲ 1944年9月20日，阿纳姆第1空降师第1边防团第26号反坦克排的反坦克炮

威兹纳战役

1939年9月7日至10日

威兹纳战役中，720名波兰勇士为抗击纳粹德国入侵，保卫威兹纳村英勇奋战的表现非常抢眼。战前，威兹纳村曾加筑防御工事，面对拥有坦克大炮来势汹汹的42200名德军，他们经受住了考验。尽管波兰守军的人数仅为敌军的六十分之一，但720名波兰勇士还是固守了足足三天。

塞班岛之战

1944年6月15日至7月9日

日军：5000人（大约）；美军：1人

塞班岛战役持续了一个月，由美国和日本争夺此太平洋岛屿。

在远征重夺马里亚纳群岛的行动中，28岁的士兵托马斯·贝克所在的连队遭到5000名日军的袭击。贝克靠一己之力毙敌多人，他把步枪折断后当作棍棒使用，并一度用一支步枪在距离日军100米的地方摧毁了日军的炮台。在日军进攻的最后关头，贝克所在的连队陷入重围，贝克也身受重伤。

虽然贝克是被战友从战场上拖出来的，但他坚持要倚着一棵树坐下，并让战友给他留下一把手枪和8发子弹。

不久之后，战友们在原地发现了他的尸体。手枪子弹已经打光了，他周围躺着8名日军的尸体。他被追授为中士，并被授予久负盛名的荣誉勋章。

阿拉莫之战

1836年2月23日至3月6日

墨西哥：约2000人；得克萨斯州：约189人。

在得克萨斯独立战争（墨西哥政府和得克萨斯殖民者之间的领土冲突）的最后阶段，武器装备非常简陋的得克萨斯民兵为守卫古老的西班牙大教堂，抗击墨西哥最骁勇善战的将军安东尼奥·洛佩斯·德·桑塔·安纳。墨西哥部队在数月前被逐出此地，这次卷土重来，是想重夺得克萨斯州。虽然包括传奇拓荒者大卫·克罗基特和上校詹姆斯·鲍伊在内的得克萨斯民兵人数远远少于墨西哥军队，但他们依然顽强反击，被敌军围困长达两周。最后一天，桑塔·安纳趁夜色发动黎明前的突袭，对大教堂发起全面攻击。在墨西哥军队的攻击下，得州守军终于抵挡不住。最后战死的保卫者是在小教堂上操作炮台的11名男子，墨西哥士兵破门而入，用刺刀将他们捅死了。这是得克萨斯历史上一个非常重要的事件，因为在围城期间，得克萨斯共和国宣布成为一个独立的国家，并最终并入美国。阿拉莫之战象征着得克萨斯人面对逆境时坚定不移的精神。

美军第101空降师固守巴斯托涅

1944年12月20日至27日

疲惫不堪且装备不良的第101空降师到达巴斯托涅几天之后,就陷入德军的包围,空降师的任务是抗击德军,守卫该镇极其重要的多条十字路口。

盟军诺曼底登陆之后,德国国防军在安特卫普的港口失守。为了夺回港口,希特勒发动了突出部战役(又称作阿登战役),作战目的包括纳粹军队夺取对比利时小镇巴斯托涅的控制权。这座小镇的地理位置非常重要,多条要道自此经过,对交战双方均具有重大的战略意义。第101空降师于12月18日抵达巴斯托涅镇,两天后,德军通过阿登山地发动突袭。他们包围了巴斯托涅镇,并于12月20日开始炮击。第二天,通往巴斯托涅的所有道路都被切断了。

德军还派空军对这座小镇进行轰炸,但美军第101空降师坚守阵地,寸步不让。12月22日,德军指挥官海因里希·弗赖尔·冯·路特维茨中将派了两名士兵带去招降书,要求第101空降师投降。美军安东尼·麦考利夫准将被德国的武力降激怒,他只回了一句:"疯子!"当时天气晴朗,补给物资可以空运给美军。德军的失误给了被围困的美军喘息之机——部分围城的德国军队被调往默兹镇,不仅削弱了德军包围圈的实力,而且还减轻了第101空降师防守各条要道的压力。随后,巴顿将军的第3集团军的部分兵力到达,突破了德军的包围,德军围城之战以失败告终。

事实证明,此次成功瓦解德军,对美军而言是决定性的胜利。不仅扭转了阿登战役的局势,也扭转了整个战争的局势。盟军部队由此发动进攻,标志着纳粹德国走向穷途末路的开始。

防守方兵力: 约1.2万人
进攻方兵力: 约5.4万人
攻击优势: 围困美军第101空降师的德军兵力优势明显,且装备精良、物资充足。
防御劣势: 冬装不足,由于天气原因,没有后续补给,再加上之前在荷兰作战,已经筋疲力尽。

▲ 试图袭击巴斯托涅的第101空降师的德国士兵被美军击毙

▲ 在敌军围城之后,美军第101空降师的士兵冒雪从巴斯托涅出发

锡盖特堡之战

1566年8月5日至9月7日

当奥斯曼帝国皇帝苏莱曼一世进攻匈牙利时，遭遇到尼古拉·萨连斯基伯爵的顽强抵抗。萨连斯基伯爵率领的2500名士兵将苏莱曼一世的10万大军挡在锡盖特堡之外，足足坚守了一个月。萨连斯基伯爵战死之前，在城中设下了炸药埋伏，奥斯曼帝国的士兵攻入城后，炸药爆炸，数千名士兵葬身火海。

城山之役

1877年9月24日

在萨摩藩武士叛乱的最后一场战役中，萨摩藩武士西乡隆盛和他手下的300名武士被全副武装的3万名帝国军人包围。萨摩藩武士手持弓箭和短剑，面对敌军的炮火攻击宁死不屈，最终全部战死，战役宣告结束。

温泉关之战

公元前480年

当希腊人与来犯的波斯军队交战时，斯巴达国王列奥尼达斯率领一小支军队，几乎以弱胜强。

波斯国王薛西斯在公元前480年入侵希腊，大敌当前之际，希腊各城邦同仇敌忾。斯巴达国王列奥尼达斯率军冲在前面，希腊方面决定在位于群山与大海之间的一处狭窄通道，即著名的"温泉关"抗击来敌。

波斯军队到达温泉关之后，连续数日都没有希腊军队与之交战。波斯军队派遣一名侦察员去探知希腊军队的阵地，他回来说斯巴达人正在操练。波斯皇帝薛西斯一世闻报大惊失色，知道斯巴达人正在备战。随后，波斯军队发动了进攻。

希腊军队凭借挡在温泉关要道的一道墙，成功抵挡住波斯军队一轮又一轮的攻击。由于地势狭窄，波斯军队发挥不出他们的人数优势。有时希腊军队佯装撤退，波斯军队不知是计，上前追赶，结果被希腊军队打个措手不及。

两天之后，一名希腊叛徒告诉波斯皇帝，波斯军队可以走另一条小道，绕过温泉关，到希腊军队身后实施偷袭。最终，希腊部队被逼到附近的一座小山丘上，拼尽全力与敌人搏斗。波斯士兵人数越来越多，一轮轮箭雨过后，斯巴达人死伤殆尽。

波斯军队继续向希腊中部进军，一路烧杀

▲ 列奥尼达斯国王在温泉关抗击入侵波斯军队的最后一战（雅克·路易·大卫绘制）

抢掠，希腊大多数领土沦陷在波斯军队的铁蹄之下。列奥尼达斯国王及其手下的斯巴达勇士虽然壮烈牺牲，但他们的英雄气概令希腊军民士气大振，最终将来犯之敌驱逐出了希腊。

防守方兵力： 6000人
进攻方兵力： 10万人
进攻优势： 大军兵多将广。
防御劣势： 兵力少于敌军，而且遭受对方的前后夹击。

布列斯特要塞防御战

1941年6月22日至29日

苏联：约9000人；轴心国：约2万人。

在关键的巴巴罗萨行动的第一场战斗中，苏联军民谱写了第二次世界大战期间最英勇、最伟大的诗篇。轴心国军队对位于白俄罗斯和波兰交界的布列斯特要塞发动突袭，与苏联红军展开了第一次大战。除了要塞内的9000名苏联士兵、边防军和苏联内务人民委员会工作人员之外，还有300名士兵家属，他们帮助苏联红军装填枪支、提供食物，甚至参加战斗。

战斗持续了7天，苏联红军在要塞上建立了防御营地，抵抗住了德军进攻，入侵的德军伤亡惨重，死伤人数超过1000人。

6月29日，堡垒终于失守。苏联红军伤亡2000人，近7000人被俘，但堡垒仍然是苏联实力的象征。

雅多维尔围城战

1961年9月

刚果军：5000人；爱尔兰维和部队：150人。

在刚果加丹加省冲突期间的一次联合国维和行动中，一支爱尔兰维和部队被部署到雅多维尔市，他们不仅缺乏后勤保障，而且物资给养不足。在一个周日的早晨，当大多数天主教部队参加弥撒时，一群忠于加丹加总理莫伊兹·冲伯的雇佣军和当地部落联手袭击了联合国部队的前哨。袭击者有飞机和迫击炮助战，而爱尔兰维和部队只有轻型武器和老旧不堪的维氏机枪。被围困的爱尔兰维和部队士兵当时有一句话非常出名："我们会坚守到最后一颗子弹，顺便来点儿威士忌。"

加丹加攻击者以600人为单位发起一轮又一轮的进攻，但爱尔兰人的反应更精准有效，集中火力对付敌军的机枪和迫击炮。

在敌人的狂轰猛炸之下，爱尔兰人苦苦支撑了六天，毙敌300人，伤敌1000多人，最后直到弹尽粮绝才被迫投降。这是爱尔兰建国以来该国军队唯一一次与另一个国家的武装人员交战。

滑铁卢的老近卫军

1815年6月18日

当英军逼退拿破仑的帝国卫队，固定好刺刀向法军发起冲锋时，似乎可以肯定，法军大势已去了。拿破仑最后的家底就是一支用作后备力量的老近卫军。老近卫军将士坚守阵地，但终不敌对方的凶猛进攻，悉数阵亡。

图片所属

19	© Look and Learn; Alamy; Corbis
23	© Look and Learn; Sayo Studio; Ian Jackson/The Art Agency
27	© Corbis, Edward Crooks
31	© The Art Agency; Alamy
35	© Look and Learn; Sayo Studio
37	© Sara Biddle
43	© Look & Learn/Nicolle Fuller
46	© Look & Learn/Corbis/Free Vector Maps
47	© Look & Learn/Alamy/Corbis
57	Ed Crooks
59	Images: Alamy
63	© Look and Learn; Sayo Studio
75	© Graham Turner/Studio 88; Alamy; Nicolle Fuller/Sayo Studio
87	© Edward Crooks, Alamy
91	© Edwards Crooks
93	© Freevectormaps.com; Corbis
107	© Peters & Zabransky, Osprey Publishing, Alamy
111	© Alamy; Sayo Studio
115	© Nicolle Fuller
119	© Corbis, Edward Crooks
123	© Corbis; Sayo Studio
135	© Corbis; Alamy; Ed Crooks; Thinkstock
144	© DK Images
162	© Corbis; Alamy; Ed Crooks; Thinkstock
179	© Ian Moores Graphics; Thinkstock
183	© Alamy